Let's Write & Learn English!
– From Sentence to Paragraph –

基礎から始める英語ライティング
— 単文からパラグラフ・ライティングまで —

Teruhiko Kadoyama
Timothy F. Hawthorne

音声ファイルのダウンロード／ストリーミング

CD マーク表示がある箇所は、音声を弊社 HP より無料でダウンロード／ストリーミングすることができます。下記 URL の書籍詳細ページに音声ダウンロードアイコンがございますのでそちらから自習用音声としてご活用ください。

https://www.seibido.co.jp/ad713

Let's Write & Learn English!
- From Sentence to Paragraph -

Copyright © 2025 by Teruhiko Kadoyama, Timothy F. Hawthorne

All rights reserved for Japan.
No part of this book may be reproduced in any form
without permission from Seibido Co., Ltd.

リンガポルタのご案内

リンガポルタ連動テキストをご購入の学生さんは、「リンガポルタ」を無料でご利用いただけます！

　本テキストで学習していただく内容に準拠した問題を、オンライン学習システム「リンガポルタ」で学習していただくことができます。PCだけでなく、スマートフォンやタブレットでも学習できます。単語や文法、リスニング力などをよりしっかり身に付けていただくため、ぜひ積極的に活用してください。

　リンガポルタの利用にはアカウントとアクセスコードの登録が必要です。登録方法については下記ページにアクセスしてください。

https://www.seibido.co.jp/linguaporta/register.html

本テキスト「Let's Write and Learn English! -From Sentence to Paragraph-」のアクセスコードは下記です。

7308-2049-1231-0365-0003-007e-FPSF-5Z5R

・リンガポルタの学習機能（画像はサンプルです。また、すべてのテキストに以下の4つの機能が用意されているわけではありません）

● 多肢選択

● 空所補充（音声を使っての聞き取り問題も可能）

● 単語並びかえ（マウスや手で単語を移動）

● マッチング（マウスや手で単語を移動）

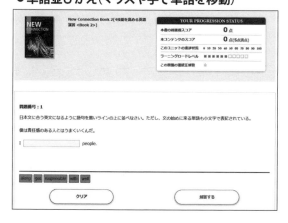

はしがき

　本書は、英文法の基礎を確認しながら短い英文を書く練習を積み重ね、最終的に短いパラグラフが書けるようになることを目指した初級ライティングテキストです。正しい英文を書くことは難しいですが、英文法の基礎を再確認しながら、自己紹介や週末の予定、アルバイト、趣味など、身近なテーマについて、センテンスレベルからスタートし、少しずつまとまりのある英文を書く練習をしていきましょう。そうすることで、英文を書くことに対して自信がつくはずです。

　また、本書はWeb英語学習システムのLINGUAPORTA（リンガポルタ）に対応していますので、パソコンやスマートフォンを使ったモバイル・ラーニングが可能です。語彙や文法の復習に役立ててください。

　本書は14ユニットからなり、各ユニットの構成は次のようになっています。

Warm-up　授業で読むパッセージなどに出てくる重要単語や表現、そして文法項目を取り上げていますので、授業の予習としてやっておきましょう。

Grammar　Warm-upで取り上げた文法項目の確認問題です。英文法に苦手意識のある方はこのページでしっかり復習をしましょう。

Let's Write! Step 1　Warm-upで取り上げた文法項目を扱ったセンテンスを書いてみましょう。後のLet's Write! Step 2において自分でパラグラフを書く際に使える表現が多数含まれています。

Let's Read and Learn!　ユニットのトピックを扱ったパッセージを読んでみましょう。大意が理解できているかを試す問題が用意されています。また、後のLet's Write! Step 2において自分でパラグラフを書く際のサンプルとして活用することもできます。

Point　パラグラフの構成など、ライティングにおけるポイントをまとめています。

Let's Write! Step 2　最後に授業のまとめとして、自分でパラグラフを書いてみましょう。よく使う表現集をUseful Expressionsとしてまとめていますので、参考にしてください。

　本書の刊行にあたっては、成美堂の佐野英一郎氏、そして編集部の工藤隆志氏に多大なご尽力を賜りました。衷心よりお礼申し上げます。

角山照彦
Timothy F. Hawthorne

Table of Contents

- リンガポルタのご案内　… p.3
- はしがき　… p.5

Unit	タイトル	テーマ	文法	ポイント
01 p.8	Introduce Yourself	自己紹介	be 動詞・疑問詞	パラグラフの構成
02 p.14	Introduce Your Friends	友人や家族の紹介	一般動詞（現在形）	パラグラフの要素（1）
03 p.20	Write about Your Weekend	週末の過ごし方	一般動詞（過去形）	パラグラフの要素（2）
04 p.26	Write about Your Part-time Job	アルバイト	進行形	主なつなぎ言葉（1）
05 p.32	Write about Your Summer Plans	夏の予定	未来表現	主なつなぎ言葉（2）
06 p.38	Give Directions to Your House	自宅への道順	助動詞	場所の描写
07 p.44	Write about Your Favorite Movie	お気に入りの映画	受動態	感想の述べ方
08 p.50	Write about Things You Enjoy	楽しんでいること	現在完了形	主なつなぎ言葉（3）
09 p.56	Write about Your Schoolwork	前期の学業成績	比較	列挙の方法
10 p.62	Give Your Ideas: How to Improve Your English	英語の学習法	不定詞	提案の方法
11 p.68	Explain Japanese Foods	日本の食べ物や料理	分詞	定義の方法

Unit	タイトル	テーマ	文法	ポイント
12 p.74	Give Your Ideas about Sports	スポーツをするべきか	動名詞	意見の述べ方 (1)
13 p.80	Give Your Ideas about Social Media	SNSをする時間を制限するべきか	関係詞	意見の述べ方 (2)
14 p.86	Write to Yourself 10 Years from Now	10年後の自分へ	接続詞・前置詞	手紙やeメールの書式

*巻末資料（品詞の分類、文の要素と基本文型、人称代名詞の種類と格変化表、不規則動詞変化表、音節）

主な登場人物

Hiromi
大学1年生

Aya
大学1年生

Jeff
姉妹校からの交換留学生

Unit 01 Introduce Yourself

文法 be 動詞・疑問詞

ヒロミは、英語の授業で自己紹介をすることになり、その原稿を準備しています。文法では be 動詞（現在形・過去形）と疑問詞に焦点を当てて学習します。また、ライティングでは、自分の専攻や趣味など、自己紹介に役立つ表現やパラグラフの構成を学びます。

Warm-up

授業前に確認しておこう！

Vocabulary Preview

1～10 の語句の意味として適切なものを a～j の中から選びましょう。　CD 02

1. freshman　　　＿＿＿＿＿　a. 関心があって
2. outgoing　　　＿＿＿＿＿　b. 一人暮らしをする
3. nervous　　　＿＿＿＿＿　c. 緊張して
4. economics　　＿＿＿＿＿　d. ～を紹介する
5. law　　　　　＿＿＿＿＿　e. 1 年生
6. introduce　　　＿＿＿＿＿　f. アパート（の貸室）
7. interested　　　＿＿＿＿＿　g. （大学の）専攻、（～の）専攻学生
8. apartment　　＿＿＿＿＿　h. 法律、法律学
9. live alone　　　＿＿＿＿＿　i. 経済学
10. major　　　　＿＿＿＿＿　j. 外向的な、社交的な

ビートに乗って 1～10 の語句を発音してみましょう。

Grammar Point: be 動詞・疑問詞

I'm a freshman, and my major is economics.　　　（私は大学 1 年生で、専攻は経済学です）
My father was also an economics major when he was in college.
　　　　　　　　　　　　　　　　　　　　　（父も大学時代は経済学を専攻していました）

be 動詞は名詞や形容詞、場所を表す語句が後に続いて「～である、～にいる」という意味を表し、主語によっていろいろと形が変わります。また、「～だった、～にいた」と過去を表す場合も同じく変化します。下の表の空欄に枠の中から適切な動詞の形を選んで表を完成させましょう。

| 話し手のことを 1 人称、相手方を 2 人称、それ以外の人たちを 3 人称と言います。 |

	主語		現在形	過去形
1 人称	単数（私）	I	am	
	複数（私たち）	we		
2 人称	単数（あなた）	you		
	複数（あなたたち）			
3 人称	単数（彼、彼女、それ）	he, she, it		
	複数（彼ら、それら）	they		

am ✓
is
are
was
were

「〜ではない」という否定文にするときは、be動詞のすぐ後にnotをつけます。また、「〜ですか？」という疑問文にするにはbe動詞を主語の前に持ってきます。下の例文の日本語訳を完成させながら確認しましょう。

> is not = isn't, are not = aren'tのように会話では短縮形がよく使われます。ただし、I am notは通常I'm notとなります。× I amn't

My apartment **isn't** very far from the station.　（　　　　　　　　　　）
Are you in any clubs?　（　　　　　　　　　　）

なお、疑問文を作る際には、whenやwhereなどの<u>疑問詞</u>がよく使われますが、これらは通常疑問文の始めに置かれます。下の表で確認した後、例文の日本語訳を完成させましょう。また、日本語訳を確認したら、例文の会話をパートナーと練習してみましょう。

who	誰	which	どれ	how far	どれくらいの距離
where	どこへ（で）	why	なぜ	how long	どれくらいの時間
what	何	how	どのように	how many	どれくらいの数
when	いつ	how often	どれくらいの頻度	how much	どれくらいの量

How was your first day at school?
（　　　　　　　　　　）

It was great. I was very nervous, but I made some new friends.
（　　　　　　　　　　）

That's good to hear. Tell me about them.
それは良かったです。
（　　　　　　　　　　）

How far is it from here to your apartment?
（　　　　　　　　　　）

It's only a five-minute walk from here.
（　　　　　　　　　　）

be動詞は、単に「（〜は）…である」と言う場合だけでなく、《be going to ...》の形で未来表現、《be + -ing》の形で進行形、《be + 過去分詞》の形で受動態など、様々な表現で使われます。基本をしっかりと確認しておきましょう。

文法に強くなろう！

A. 例にならい、カッコ内に適切な be 動詞を書き入れましょう。

例　Angela (is) from Hawaii.

1. We (　　　) a family of four, and I have one older sister.
2. I'm quiet and shy, but my brother (　　　) very outgoing.
3. I (　　　) born and brought up in Hawaii.
4. My parents studied at the same college and they (　　　) both law majors.

B. 例にならい、AとBの対話が成り立つように枠の中から適切な疑問詞を選び、適切な be 動詞を補って文を完成させましょう。

例　A： Where is Angela from?
　　B：Hawaii.

what	how far	how much
when	why	how many
who	how	how long
where ✓		

1. A：＿＿＿＿＿＿ your birthday?
   B：May 27.
2. A：＿＿＿＿＿＿ you late yesterday?
   B：I missed my bus.
3. A：＿＿＿＿＿＿ the girl in this picture?
   B：Chris. She's my roommate.
4. A：＿＿＿＿＿＿ it from here to the station?
   B：It's about one kilometer.

C. 日本語の意味に合うようにカッコ内の語句を並べ替え、英文を完成させましょう。ただし、文の始めにくる単語も小文字にしてあり、1つ余分な語句が含まれています。

1. うちは4人家族です。
   (are / is / people / there / in / four) my family.

2. 私はボランティアサークルに入っています。
   (a / in / group / I was / I'm / volunteer).

3. 私の姉はスポーツにまったく関心がありません。
   (sports / aren't / isn't / in / my sister / interested) at all.

4. この大学では1時限は何分（どれくらいの長さ）ですか？
   (is / a class period / how / at / long / far) this university?

 **Let's Write! Step 1**　　センテンスを書く練習をしよう！

次の日本文を英語にしてみましょう。文の出だしが与えられているものは、それに続けて書きましょう。また、下線部は下のヒントを参考にしましょう。 03

1. 私の専攻は法律学です。	My _____
2. 私たちは同じ英語のクラスにいます。	We _____
3. 私は名古屋で生まれ育ちました。	I _____
4. 兄はとても外向的ですが、私は人見知りです。	My brother _____
5. 姉は料理が得意ではありません。	My sister _____
6. (あなたは)何かクラブに入っていますか？	Are _____
7. (あなたは)高校では何かクラブに入っていましたか？	Were _____
8. あなたの好きなスポーツは何ですか？ (あなたのお気に入りのスポーツは何ですか？)*	What _____
9. 出身はどこですか？ (あなたはどこの出身ですか？)	Where _____
10. 何人家族ですか？ (あなたの家族には何人いますか？)	_____

[Hints]　*カッコ内の日本語は、英語に訳しやすくするために書き直したものです。

同じ : same　　　　　　　　　　生まれ育って : be born and brought up
人見知り : shy around new people　　～が得意で : be good at ...
(疑問文で)何か : any　　　　　　お気に入りの : favorite
何人 : how many people

Quick Response Training

1. 日本語の文を見てすぐさま対応する英文が言えるように繰り返し練習しましょう。英文の箇所を隠して練習すると効果的です。
2. 1～10までの日本語の文を何秒で英文にして言えるかペアで競い合ってみましょう。

Your Time ⏱ : _____ seconds

Let's Read and Learn! サンプルから学ぼう！

ヒロミが書いた次のパッセージを読み、その内容について 1～3 の質問に答えましょう。 04

My self-introduction

Hello, everyone. My name is Hiromi Oka, and I'd like to introduce myself. I'm a first-year student and my major is economics. I was born and brought up in Kyoto. I started living alone near the campus a week ago, so everything is still quite new to me. In my free time, I enjoy playing sports. I was a member of the tennis club in high school, so I'm interested in joining the tennis club here. I also love playing video games and listening to music. I'm a very outgoing person, and I love to meet new people. I hope to make many friends here in this class. Thank you.

1. Which of the following is true about Hiromi?
    (A) She's a law major.　　(B) Her family moved to Kyoto a week ago.
    (C) She lives apart from her family.

2. Is Hiromi a member of the tennis club at her college?
    (A) Yes, she is.　　(B) No, but she's interested in joining it.
    (C) No, she's not interested in it.

3. Hiromi enjoys _____.
    (A) meeting new people　　(B) playing musical instruments
    (C) watching sports

[Notes]　I'd like to ... : ～したい　　the following : 次に挙げるもの

 パラグラフの構成

　パラグラフとは、1 つのトピックについてまとまった内容を表す文章のかたまりのことです。パラグラフは、通常、次の表に挙げる要素で構成されています*。**Let's Read and Learn!** のパッセージを例にして確認しましょう。

導入文 Introductory Sentence	本題に入る前の導入部分	Hello, everyone. My name is Hiromi Oka.
主題文 Topic Sentence	筆者が伝えたいことをまとめて述べた部分	I'd like to introduce myself.
支持文 Supporting Sentences	筆者の主張を具体的に説明する部分	I'm a first-year student and .... I was born and brought up .... In my free time, I enjoy playing .... I'm a very outgoing person, and ....
結論文 Concluding Sentence	結びの部分	I hope to make many friends here in this class. Thank you.

*パラグラフによっては導入文や結論文のないものもあります。

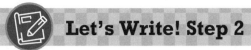

Let's Write! Step 2

パラグラフを書いてみよう！

英文を書きましょう。下の Useful Expressions も参考にすると良いでしょう。

Useful Expressions

- I'm from Kyoto and moved here last month.（出身は京都で先月ここに引っ越してきました）
- My friends call me Hiro.（友人は私のことをヒロと呼びます）
- I live in a dormitory.（寮に住んでいます）
- I usually spend my free time watching videos on YouTube.（暇な時間はたいてい YouTube で動画を視聴しています）
- I'm easygoing [laid-back]*.（のんびりした性格です）

*[ ]は直前の単語と入れ替え可能な表現を指します。

My self-introduction

[Hints]

←導入文を書きましょう。

←主題文を書きましょう。

←支持文を書きましょう。
出身地、趣味、クラブ、性格、家族など、いくつかの内容を含めましょう。

←結論文を書きましょう。

LINGUAPORTA Training

授業の復習として、リンガポルタの問題を解いておきましょう。

Unit 02 Introduce Your Friends

文法 一般動詞（現在形）

ヒロミは、英語の授業で家族や友人の紹介をすることになり、その原稿を準備しています。文法では<u>一般動詞（現在形）</u>に焦点を当てて学習します。また、ライティングでは、職業や外見、性格など、<u>人の描写に役立つ表現</u>や<u>パラグラフの要素（1）</u>を学びます。

 Warm-up　　　　　　　　　　　　　　　授業前に確認しておこう！

Vocabulary Preview

1〜10の語句の意味として適切なものをa〜jの中から選びましょう。　　　CD 05

1. impression 　____　　a. 〜に似ている
2. calm 　____　　b. 2回、2度
3. glasses 　____　　c. 活発な、エネルギッシュな
4. belong to 　____　　d. 隣人
5. energetic 　____　　e. 〜に所属する
6. actually 　____　　f. 双子の片方
7. take after 　____　　g. 眼鏡
8. twin 　____　　h. （予想と違って）実際は
9. neighbor 　____　　i. 印象
10. twice 　____　　j. 冷静な、落ち着いた

ビートに乗って1〜10の語句を発音してみましょう。

Grammar Point: 一般動詞（現在形）

We **belong** to the same club.　　　　　　　（私たちは同じクラブに所属しています）
My father **teaches** science at a college.　　（父は大学で科学を教えています）

be動詞以外の動詞を<u>一般動詞</u>と呼び、現在の状況や習慣を示す場合、<u>現在形</u>を用います。ほとんどの場合、現在形は動詞のもとの形（＝<u>原形</u>）と同じですが、主語が3人称・単数・現在形の場合には語尾に -s や -es がつきます。下の表の空欄に適切な動詞の形を書き入れて確認しましょう。

> a, i, u, e, oのことを**母音字**、それ以外を**子音字**と言います。

1. 多くの動詞	語尾に -s をつける	like → likes	want → wants
2. -s, -sh, -ch, -x, <子音字+o>で終わる動詞	語尾に -es をつける	go → goes	pass → teach →
3. <子音字+y>で終わる動詞	y を i に変えて -es をつける	fly → flies	carry →
4. 例外的な動詞	不規則な変化をする	have → has	

また、現在形というと現時点だけを示すと考えがちですが、実際には下記の表のように、**現在を中心とした幅広い時間**を示します。**普段のことを話す場合に使う形**と覚えておくと良いでしょう。下の例文の日本語訳を完成させながら確認しましょう。

「今〜している」のように、現在の動作を表す場合は、**現在進行形**（Unit 4）を用います。

現在の状態	Hiromi **has** short hair. She **likes** it very much. （　　　　　　　　　）	
習慣的な動作	She **works** at a restaurant after school twice a week. （　　　　　　　　　）	
一般的な事実・真理	The sun **rises** in the east. （　　　　　　　　　）	

次に、一般動詞を使った現在形の文を疑問文にするときは、文の始めに do を持ってきます。また否定文にするには動詞のすぐ前に don't（=do not）をつけます。主語が3人称で単数の場合は doesn't や does を使い、動詞は語尾の -s や -es を外して原形に戻します。下の例文の日本語訳を完成させながら確認しましょう。また、日本語訳を確認したら、例文の会話をパートナーと練習してみましょう。

What **do** you like to do in your free time?
（　　　　　　　　　）

I like to make sweets. I especially enjoy baking cookies. How about you?
（　　　　　　　　　）

Well, I like to listen to K-pop.
（　　　　　　　　　）

Does Aya enjoy making sweets, too?
（　　　　　　　　　）

No, she says she **doesn't** cook at all.
（　　　　　　　　　）

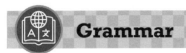

Grammar

文法に強くなろう！

A. 例にならい、枠の中から適切な単語を選び、必要な場合は適切な形にして次の1～4の文を完成させましょう。

例　He (is) tall, handsome, and gentle.

1. Aya is very tall and (　　　　) long black hair.
2. Water (　　　　) at 100℃.
3. My brother and I are twins and (　　　　) very much alike.
4. People say that I (　　　　) after my father.

```
look
be ✓
have
take
boil
```

B. 例にならい、カッコ内の動詞を肯定・否定・疑問のいずれか適切な形に変えて文を完成させましょう。4は主語として you を補いましょう。

例　My brother likes reading manga, but I _don't like_ it. (like)

1. My sister is good at cooking. She often _____ dinner for us. (cook)
2. I enjoy playing a lot of sports, but my brother _____ any sports. (play)
3. My parents like watching TV, but my sister and I _____ it very often. (watch)
4. "_____ with your family?" "No, I live alone near the campus." (live)

C. 日本語の意味に合うようにカッコ内の語句を並べ替え、英文を完成させましょう。ただし、文の始めにくる単語も小文字にしてあり、1つ余分な語句が含まれています。

1. お父さんは何をしていらっしゃるのですか？
   (do / father / what / is / does / your)?
   _____

2. 母は服のセンスがいいです。
   (is / clothes / good taste / my mother / in / has).
   _____

3. 両親はスポーツが得意ではありません。
   (at / good / sports / my parents / don't / aren't).
   _____

4. お姉さんもここの学生ですか？
   (sister / does / is / at / study / your) this school, too?
   _____

 **Let's Write! Step 1**　　センテンスを書く練習をしよう！

次の日本文を英語にしてみましょう。文の出だしが与えられているものは、それに続けて書きましょう。また、下線部は下のヒントを参考にしましょう。 06

1. 私たちは<u>陸上部</u>に所属しています。	We
2. 彼女は<u>ファッションモデルのように見え</u>ます。	She
3. 父は高校で歴史を教えています。	My father
4. 新しい学校は気に入っていますか？ （あなたは（あなたの）新しい学校を気に入っていますか？）*	Do
5. 彼は眼鏡<u>をかけて</u>いますか？	Does
6. 私はスポーツが好きではありません。	I
7. 兄<u>も</u>スポーツが好きではありません。	My brother
8. 彼女は<u>いい人</u>だと、誰もが言います。	Everybody
9. あなたは<u>よく外食</u>しますか？	
10. あなたはどのくらいの頻度で外食しますか？	

[Hints]　*カッコ内の日本語は、英語に訳しやすくするために書き直したものです。

陸上部：track and field club　　　ファッションモデル：fashion model
〜のように見える：look like ...　　（眼鏡）をかけている：wear
〜も：either（either と too はどちらも「〜も」という意味ですが、肯定文では too を使い、否定文では either を使います）
いい人：a nice person　　　よく：often　　　外食する：eat out

Quick Response Training
1. 日本語の文を見てすぐさま対応する英文が言えるように繰り返し練習しましょう。
2. 1〜10 までの日本語の文を何秒で英文にして言えるかペアで競い合ってみましょう。

Your Time ⏱ :　　　　seconds

17

Let's Read and Learn! サンプルから学ぼう！

ヒロミが書いた次のパッセージを読み、その内容について 1～3 の質問に答えましょう。 07

My classmate

Hello, everyone. I'm Hiromi. I'm pleased to introduce my classmate, Aya Ueda, to you today. Aya comes from Okinawa, and now she lives alone in an apartment near the campus. In fact, she's my neighbor, so we often walk to school together. My first impression of her was that she was quiet and calm, but actually she's not! She's very active and energetic. She was part of the track and field club in high school, and now she practices dancing twice a week with her friends. She also enjoys watching movies, especially Disney movies. We both love Disney movies, and we often talk about our favorites. Thank you.

1. Aya belonged to the _____ club when she was a high school student.
   (A) movie (B) track and field
   (C) dance

2. At first, Hiromi thought that Aya was _____.
   (A) active and energetic (B) kind and helpful
   (C) quiet and calm

3. Hiromi and Aya _____.
   (A) are neighbors (B) practice dancing twice a week
   (C) aren't interested in movies

[Note] be pleased to ... : ～してうれしい

Point パラグラフの要素（1）

　パラグラフには、筆者がそこで伝えたいことをまとめた主題文（Topic Sentence）が必ず含まれます。通常、主題文はパラグラフの最初に置かれますが、その前に導入文が入ることもあります。***Let's Read and Learn!*** の英文では、導入文があり、その後に「クラスメートの上田アヤさんを紹介します」という主題文が続いています。また、主題文には、何について書かれているかを示すトピックの他、次の例のように、トピックに対する筆者の考えが含まれる場合もあります。

　　ex.) My mother is the most important person in my life.
　　　トピック：私の母
　　　トピックに対する筆者の考え：人生の中で最も大事な人

Let's Write! Step 2

パラグラフを書いてみよう！

Let's Read and Learn! で読んだパッセージを参考にして、友人や家族、好きな俳優などを紹介する英文を書きましょう。下の Useful Expressions も参考にすると良いでしょう。

Useful Expressions

- My mother always cares about me.（母はいつも私のことを気にかけてくれます）
- She cheers me up when I'm feeling down.（彼女は私が落ち込んでいる時に励ましてくれます）
- She's cheerful and talkative.（彼女は陽気で話好きです）
- His name is Yoshihiko, but everybody calls him Yoshi for short.（彼の名前はヨシヒコですが、みんな彼のことを略してヨシと呼びます）
- He's a little shy sometimes, especially when he meets new people.（彼は、時々、特に初対面の人に会う時は少し人見知りになります）
- He's very tall and strongly built.（彼はとても背が高くて、がっしりとした体格です）

My _____

[Hints]

←タイトルの下線部には友人、家族、好きな俳優など紹介したい人を書きましょう。
←導入文を書きましょう。

←主題文を書きましょう。

←支持文を書きましょう。外見、職業、趣味、性格など、いくつかの内容を含めましょう。

←結論文を書きましょう。

LINGUAPORTA Training

授業の復習として、リンガポルタの問題を解いておきましょう。

Unit 03 Write about Your Weekend

文法 一般動詞（過去形）

ヒロミは、英語の授業で週末にしたことを発表することになり、その原稿を準備しています。文法では**一般動詞（過去形）**に焦点を当てて学習します。また、ライティングでは、**出来事や行為の描写に役立つ表現**や**パラグラフの要素（2）**を学びます。

Warm-up

授業前に確認しておこう！

Vocabulary Preview

1〜10の語句の意味として適切なものをa〜jの中から選びましょう。　CD 08

1. drive _____　　a. 家事
2. invite _____　　b. 洋服
3. oversleep _____　c. 夜遅くまで起きている
4. afraid _____　　d. 洗濯（すること）
5. delicious _____　e. 招待する
6. housework _____　f. のんびりする、くつろぐ
7. relax _____　　g. （自動車を）運転する、ドライブ
8. laundry _____　　h. 怖がって
9. stay up _____　　i. とてもおいしい
10. clothes _____　　j. 寝過ごす

ビートに乗って1〜10の語句を発音してみましょう。

Grammar Point: 一般動詞（過去形）

I <u>studied</u> for an exam all day yesterday.　　（私は昨日、1日中試験勉強をしていました）
We <u>went</u> for a drive to Hakone last weekend.（私たちは先週末、箱根へドライブに行きました）

過去の状況や行為・出来事を示す場合、**過去形**を用います。一般動詞を過去形にする場合には語尾に -ed をつけます。ただし、不規則に変化するものも多いので注意が必要です。巻末資料を参考にしながら下の表の空欄に適切な動詞の過去形を書き入れ確認しましょう。

1. ほとんどの動詞		語尾に -ed をつける	help → helped	listen → listened
2. -e で終わる動詞		語尾に -d をつける	use → used	like →
3. -y で終わる動詞	母音字 +y の場合	語尾に -ed をつける	enjoy → enjoyed	play →
	子音字 +y の場合	y を i に変えて -ed をつける	study → studied	carry →
4. 母音字1つ+子音字1つで終わる動詞*		語尾の子音を重ねて -ed をつける	plan → planned	stop →
5. 例外的な動詞		不規則な変化をする	have → had	write →

*厳密には、visit や remember、listen のように、最後の音節が強く発音されないものは子音字を重ねません。

20

また、過去形で表される内容は、下記の表や図のように、**現在とはつながりがない**のがポイントです。下の例文の日本語訳を完成させながら確認しましょう。

過去の状態	I <u>wanted</u> to become a pilot when I was little. (　　　　　　　　　　　　)	過去　現在
過去の１回きりの行為・出来事	My family <u>went</u> on a trip to Australia last winter. (　　　　　　　　　　　　)	過去　現在
過去の習慣や反復的行為	My father often <u>went</u> abroad on business. (　　　　　　　　　　　　)	過去　現在

「その時〜していた」のように、過去に一時的に続いていた行為を表す場合は**過去進行形**（Unit 4）を用います。

　一般動詞を使った過去形の文を否定文にするときは、動詞のすぐ前に didn't（=did not）をつけます。また疑問文にするには文の始めに did を持ってきます。いずれの場合も動詞は原形に戻します。下の例文の日本語訳を完成させながら確認しましょう。また、日本語訳を確認したら、例文の会話をパートナーと練習してみましょう。

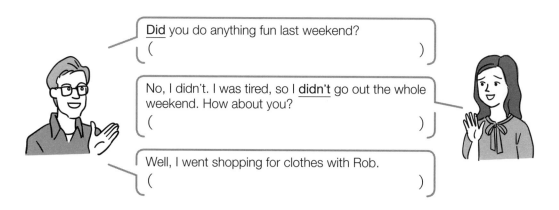

<u>Did</u> you do anything fun last weekend?
(　　　　　　　　　　　　　　　　　)

No, I didn't. I was tired, so I <u>didn't</u> go out the whole weekend. How about you?
(　　　　　　　　　　　　　　　　　)

Well, I went shopping for clothes with Rob.
(　　　　　　　　　　　　　　　　　)

A. 例にならい、枠の中から適切な単語を選び、必要な場合は適切な形にして次の 1～4 の文を完成させましょう。

　例　My parents (*came*) to visit me from Fukuoka last Sunday.

　1. I (　　　　) a lot of e-mails yesterday.
　2. The accident (　　　　) right in front of me, so I was shocked.
　3. Jeff (　　　　) me home last night.
　4. We (　　　　) some clothes at the shopping mall a few days ago.

```
come ✓
buy
happen
drive
write
```

B. 例にならい、カッコ内の動詞を肯定もしくは否定のいずれか適切な形に変えて文を完成させましょう。

　例　"Did you finish your homework?" "No, I *didn't have* enough time." (have)

　1. I overslept and _____ first period. (miss)
　2. I had nothing special to do, so I _____ to bed early. (go)
　3. Though I was tired, I _____ up all night to finish my report. (stay)
　4. We had a lot of homework to do, so we _____ anywhere. (go)

C. 日本語の意味に合うようにカッコ内の語句を並べ替え、英文を完成させましょう。ただし、文の始めにくる単語も小文字にしてあり、1つ余分な語句が含まれています。

　1. 週末はどうでしたか？

　　(was / did / weekend / how / your)?

　　_____

　2. 良い週末でしたか？

　　(you / good / were / did / a / have / weekend)?

　　_____

　3. 昨日はまったく勉強しませんでした。

　　(didn't / wasn't / at / study / all / I) yesterday.

　　_____

　4. 週末は家でゴロゴロしていました。

　　(around / house / I just / sitting / sat / the) on the weekend.

　　_____

 **Let's Write! Step 1** センテンスを書く練習をしよう！

次の日本文を英語にしてみましょう。文の出だしが与えられているものは、それに続けて書きましょう。また、下線部は下のヒントを参考にしましょう。 09

1. 私は（私の）部屋の掃除と<u>洗濯を</u>しました。	I _____
2. 私は友人たちと買い物に行き、（いくつかの）洋服を買いました。	I _____
3. アヤは私たちと一緒に買い物に行きませんでした。	Aya _____
4. 先週末は家でのんびり過ごしました。	I just _____
5. あなたはアヤとどこへ行ったのですか？	Where _____
6. 私たちはジムに行きました。	We _____
7. あなたはいつ（あなたの）宿題を<u>提出</u>しましたか？	When _____
8. 昨日は何をしましたか？	What _____
9. 1日中<u>コンビニ</u>で働きました。	I _____
10. 私は<u>1日中 YouTube で動画を見て過ご</u>しました。	I _____

[Hints]

洗濯をする：do the laundry　　提出する：hand in
コンビニ：convenience store　　1日中〜を見て過ごす：spend all day watching ...
YouTube で：on YouTube

Quick Response Training

1. 日本語の文を見てすぐさま対応する英文が言えるように繰り返し練習しましょう。
2. 1〜10 までの日本語の文を何秒で英文にして言えるかペアで競い合ってみましょう。

Your Time ⏱ : _____ seconds

23

 **Let's Read and Learn!** サンプルから学ぼう！

ヒロミが書いた次のパッセージを読み、その内容について 1～3 の質問に答えましょう。 10

My weekend

I had a wonderful weekend. Last Saturday, I went for a drive with some good old friends from junior high school. I got a driver's license last month, so I invited them to join me. I really enjoyed driving along the coast, but they said that they were a little afraid. Maybe I drove too fast! We stopped at the beach and had a barbecue there. Everything was delicious, and we talked about a lot of things, such as our new school life and clubs. I really enjoyed spending time with them, and we plan to drive to Lake Biwa next month.

1. What did Hiromi do last month?
   (A) She went for a drive.   (B) She got a driver's license.
   (C) She drove to Lake Biwa.

2. Hiromi thinks that she _____.
   (A) drove too fast   (B) is a little afraid of driving
   (C) couldn't enjoy driving

3. Which of the following is true about Hiromi?
   (A) She went for a drive by herself.   (B) She had a barbecue in the yard.
   (C) She invited her friends for a drive.

[Notes]　such as ... : 例えば〜など　　Lake Biwa : 琵琶湖

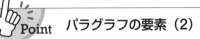 **Point** 　パラグラフの要素 (2)

　パラグラフでは、主題文（Topic Sentence）で筆者が伝えたいことを述べた後、それを詳しく説明する文が続きます。この文は支持文（Supporting Sentences）と呼ばれ、パラグラフの重要な要素です。支持文は通常、複数の文から構成されます。***Let's Read and Learn!*** の英文では、「素敵な週末だった」という主題文に続いて、時系列に沿ってその内容が詳しく説明されています。また、パラグラフの最後には、支持文の内容をまとめた文や主題文の主張を言い換えた文が結びとして添えられることが多いですが、これを結論文（Concluding Sentence）と呼びます。

Let's Write! Step 2

パラグラフを書いてみよう！

Let's Read and Learn! で読んだパッセージを参考にして、週末やゴールデンウィークをどのように過ごしたかを説明する英文を書きましょう。下の Useful Expressions も参考にすると良いでしょう。

Useful Expressions

- I had a really fun weekend.（とても楽しい週末でした）
- A really frightening thing happened to me last weekend.（先週末、本当に恐ろしいことが起こりました）
- I just took it easy at home.（家でのんびりしました）
- I usually get up at six, but I slept in* until 11 last Sunday.（普段は6時に起きますが、先週の日曜日は11時まで寝ていました）
- I had a hard time finishing my homework.（宿題を終わらせるのが大変でした）
- I spent the whole day playing video games.（丸一日ゲームをして過ごしました）

*sleep in:（休日などに）遅くまで寝ている

My _____

[Hints]

←下線部には週末やゴールデンウィークなど、適当なタイトルを書きましょう。

←導入文を書きましょう。省略してすぐに主題文を書いても構いません。

←主題文を書きましょう。

←支持文を書きましょう。時系列に沿ってどこで、誰と何をしたかを書くと説明しやすいでしょう。

←全体的な感想など、結論文を書きましょう。

LINGUAPORTA Training

授業の復習として、リンガポルタの問題を解いておきましょう。

Unit 04 Write about Your Part-time Job

文法 進行形

ヒロミは、英語の授業でアルバイトについて発表することになり、その原稿を準備しています。文法では<u>進行形</u>に焦点を当てて学習します。また、ライティングでは、<u>仕事の説明に役立つ表現</u>や<u>主なつなぎ言葉（1）</u>を学びます。

 Warm-up　　　　　　　　　　　　　授業前に確認しておこう！

Vocabulary Preview

1〜10の語句の意味として適切なものをa〜jの中から選びましょう。　　🎧 11

1. various　　　＿＿＿＿　　a. 経営者、管理者
2. used to　　　＿＿＿＿　　b. 給仕人、給仕係
3. tutor　　　　＿＿＿＿　　c. 様々な
4. manager　　 ＿＿＿＿　　d. 〜を探す
5. look for　　　＿＿＿＿　　e. アルバイト
6. friendly　　　＿＿＿＿　　f. 〜に慣れて
7. part-time job　＿＿＿＿　　g. アルバイトをする
8. server　　　　＿＿＿＿　　h. 交代勤務時間
9. work part-time ＿＿＿＿　　i. 優しい、親切な
10. shift　　　　　＿＿＿＿　　j. 家庭教師

ビートに乗って1〜10の語句を発音してみましょう。

Grammar Point: 進行形

I <u>work</u> part-time after school.　　（私は放課後にアルバイトをしています）〔現在形〕
I'<u>m working</u> right now.　　　　　（私は今、仕事中です）〔現在進行形〕
I <u>was working</u> at that time.　　　（私はその時、仕事中でした）〔過去進行形〕
What <u>are</u> you <u>doing</u> after work today?
　　　　　　　　　　　　　　　（今日仕事が終わったら何をする予定ですか？）〔現在進行形〕

　一般に現在形が普段の状態や動作を指すのに対し、今している最中の動作を表す場合には<u>現在進行形</u>を用い、《be動詞+動詞のing形》の形で表します。次の表の空欄に適切な動詞の形を書き入れて動詞のing形の作り方を確認しましょう。

1. ほとんどの動詞	語尾に ing をつける	sleep → sleeping	eat → eating
2. 子音 + -e で終わる動詞	語尾の e を取って ing をつける	give → giving	make →
3. -ie [ai] で終わる動詞	語尾の ie を y に変えて ing をつける	lie → lying	die →
4. 1母音字 +1 子音字で終わる動詞	語尾の子音字を重ねて ing をつける	get → getting	stop →

　現在進行形は、4番目の例文のように、「〜している」という今実際にしていることだけではなく、**すでに決まっている予定や計画**を表すこともあります。また、過去形の be 動詞を使って**過去進行形**にすると「〜していた」という意味を表します。下の例文の日本語訳を完成させながら使い方を確認しましょう。また、日本語訳を確認したら、例文の会話をパートナーと練習してみましょう。

　なお、進行形は「〜している」のように動作を表すものですから、know（知っている）などのように状態を表す動詞は通常、進行形にはなりません。ただし、have や live のように状態を表す動詞でも、次のような場合は進行形にすることができます。

They're having lunch at the moment.　　　　　（彼らは今、昼食を取っているところです）
　　　　　　　　　　　　　　　　　　　*この have は「〜を食べる」という意味

My father is living in London on business.　　（父は仕事でロンドンに住んでいます）
　　　　　* live は一般に「住んでいる」という状態を表しますが、進行形にすると「ずっとそこに住むわけではなく、一時的に住んでいる」という意味になります。

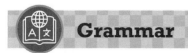

Grammar 文法に強くなろう！

A. 例にならい、枠の中から適切な単語を選び、必要な場合は適切な形にして次の 1〜4 の文を完成させましょう。

例　Turn down the television. We (*are studying*) now.

1. Are you OK? Are you (　　　) sick or something?
2. Hiromi (　　　) as a server twice a week. She likes her work.
3. I (　　　) English to a high school student when you called me.
4. "Do you (　　　) your part-time job?" "Yes, it's great."

study ✓
enjoy
feel
work
teach

B. 例にならい、次の英文をカッコ内の指示に従って書き換えましょう。

例　Hiromi works at a restaurant. （現在進行形に）
　　Hiromi is working at a restaurant.

1. Aya doesn't look for a part-time job. （現在進行形に）

2. Hiromi had difficulty finding a new job. （過去進行形に）

3. What do you save money for? （現在進行形に）

4. Did Rob work as a private tutor? （過去進行形に）

C. 日本語の意味に合うようにカッコ内の語句を並べ替え、英文を完成させましょう。ただし、文の始めにくる単語も小文字にしてあり、1 つ余分な語句が含まれています。

1. 私は週 2 回、ホテルで働いています。
   (at / twice / I / work / working / a hotel) a week.

2. あなたはアルバイトを探しているのですか？
   (looking / a / are / do / for / you) part-time job?

3. あなたが電話をしてくれた時、私は仕事中でした。
   (working / I / called / you / was / did / when) me.

4. 彼はその仕事についてよく知っています。
   (lot / he / knows / a / is knowing / about) the job.

28

Let's Write! Step 1

センテンスを書く練習をしよう！

次の日本文を英語にしてみましょう。文の出だしが与えられているものは、それに続けて書きましょう。また、下線部は下のヒントを参考にしましょう。

1. ここで何をしているのですか？	What _____
2. 私たちは<u>ヒロミ</u>を<u>待っている</u>のです。	We _____
3. 私はアルバイトを探してはいません。	I'm _____
4. 私は<u>週末に</u><u>スーパー</u>で<u>レジ係</u>として働いています。	I _____
5. 私は家庭教師のアルバイトをしたいです。 （私は家庭教師として働きたいです）*	I want to _____
6. 私は今、ある中学生に英語を教えているところです。	I'm _____
7. あなたは<u>放課後</u>に働いているのですか？	Do _____
8. はい、レストランで給仕係として働いています。	Yes, I _____
9. （あなたが私に）電話してくれた時、私は仕事中でした。	I was _____
10. あなたは<u>週に何日</u>働いているのですか？	How many _____

[Hints]　*カッコ内の日本語は、英語に訳しやすくするために書き直したものです。

　〜を待つ：wait for　　　　週末に：on weekends
　スーパー：supermarket　　レジ係：cashier
　放課後：after school　　　週に何日：how many days a week

Quick Response Training

1. 日本語の文を見てすぐさま対応する英文が言えるように繰り返し練習しましょう。
2. 1〜10までの日本語の文を何秒で英文にして言えるかペアで競い合ってみましょう。

Your Time ⏰：　　　seconds

Let's Read and Learn!   サンプルから学ぼう！

ヒロミが書いた次のパッセージを読み、その内容について1〜3の質問に答えましょう。 13

My part-time job

Are you looking for a part-time job, or do you already have one? Let me tell you about mine. I started working at a restaurant near the campus last month. I work as a server three nights a week after school. My shift starts at six p.m. and I get off at 10. I prepare tables, take orders, and answer questions about the menu and food. In fact, I have to do a lot of things. At first it was difficult, but I soon got used to it. The manager is kind and all the staff members are friendly. If you're looking for a job, why don't you consider joining me?

1. Hiromi started working _____.
   - (A) last week
   - (B) near her house
   - (C) as a server

2. How many hours a week does Hiromi work at a restaurant?
   - (A) 8 hours
   - (B) 10 hours
   - (C) 12 hours

3. Hiromi says that the job _____.
   - (A) was hard at first
   - (B) is still difficult
   - (C) is very easy

[Note]　get off : (仕事から) 解放される、終える

Point　主なつなぎ言葉 (1)

　パラグラフでは主題文に続いて、時系列に沿ってその内容が詳しく説明されることがあります。順序を示すには、次に挙げるようなつなぎ言葉を使うと良いでしょう。

意　味	つなぎ言葉
第一に、まず	first, firstly, to begin with, first of all
次に	next
それから	then
その後で	after that
最後に	finally, lastly

　Let's Read and Learn! に出てきた at first は「まず最初に」と誤解されることがあるので注意が必要です。at first は「始めは〜」という意味で、前の状況と後の状況を対比するために使われる表現です。次の例文を参考にして使い方を確認しておきましょう。

- At first I didn't like my job at all, but now I love it.
  （最初は仕事がまったく好きではありませんでしたが、今は大好きです）

Let's Write! Step 2

パラグラフを書いてみよう！

Let's Read and Learn! で読んだパッセージを参考にして、アルバイトを説明する英文を書きましょう。アルバイトをしていない場合は、やってみたいアルバイトやクラブ活動、放課後の過ごし方など、適当なトピックを選びましょう。下の Useful Expressions も参考にすると良いでしょう。

Useful Expressions

- I'm busy with my studies, so I don't work part-time.（勉強が忙しいのでアルバイトはしていません）
- A night job is tough, so I'm thinking of quitting.（夜間のアルバイトはきついので辞めようと考えています）
- That part-time job has a good hourly pay.（そのアルバイトは時給が良いです）
- I get 1,300 yen per hour.（時給は 1,300 円です）
- I post various kinds of flyers in mailboxes.（様々な種類のチラシを郵便受けに投函します）
- I pass [hand]* out free samples on the street.（通りで無料サンプルを配ります）

*[　] は直前の単語と入れ替え可能な表現を指します。

[Hints]

←下線部にはアルバイトの他、クラブ活動、放課後の過ごし方など、適当なタイトルを書きましょう。

←導入文を書きましょう。省略してすぐに主題文を書いても構いません。

←主題文を書きましょう。

←支持文を書きましょう。アルバイトの場合、どんな仕事なのか、いつしているのか、どんな風に感じているかなどを書くと説明しやすいでしょう。

←全体的な感想など、結論文を書きましょう。

LINGUAPORTA Training

授業の復習として、リンガポルタの問題を解いておきましょう。

Unit 05 Write about Your Summer Plans

文法 未来表現

ヒロミは、英語の授業で夏休みの予定を発表することになり、その原稿を準備しています。文法では**未来表現**に焦点を当てて学習します。また、ライティングでは、**予定の説明に役立つ表現**や**主なつなぎ言葉（2）**を学びます。

Warm-up

授業前に確認しておこう！

Vocabulary Preview

1〜10の語句の意味として適切なものをa〜jの中から選びましょう。　CD 14

1. culture _____
2. flight _____
3. prepare _____
4. worried _____
5. abroad _____
6. make friends with _____
7. intensive _____
8. excited _____
9. confidence _____
10. look forward to _____

a. 準備する
b. 〜と親しくなる
c. 自信
d. 集中的な
e. 〜を楽しみに待つ
f. 海外に（へ）
g. ワクワクして
h. 文化
i. 飛行便、空の旅
j. 心配した

ビートに乗って1〜10の語句を発音してみましょう。

Grammar Point: 未来表現

I'<u>ll</u> talk to you about my summer plans now. （皆さんに今から私の夏の計画をお話しします）
I'<u>m going to</u> join a short-term study abroad program during summer vacation.
（夏休みに短期海外留学プログラムに参加する予定です）

これから先のことを話す場合には、《will＋動詞の原形》や《be going to＋動詞の原形》といった形を使います。下の表で確認しましょう。

will	意志（〜するつもりだ）	I'<u>ll</u> go on a trip to Hokkaido.
	予測（〜だろう）	Hurry up, or we'<u>ll</u> miss the flight.
be going to	計画や意志（〜するつもりだ）	I'<u>m going to</u> help my family business.
	予測（〜だろう）	My sister <u>is going to</u> have a baby this summer.

否定文にするときは、《will not ＋動詞の原形》や《be not going to ＋動詞の原形》のように、will や be 動詞のすぐ後に not をつけます。また、疑問文にするには will や be 動詞を主語の前に持ってきます。下の例文の日本語訳を完成させながら確認しましょう。

won't = will not

I'm sorry I was late. It won't happen again.
(　　　　　　　　　　　　　　　　　　　　　　　　　　　)
What time will we arrive in Sydney?
(　　　　　　　　　　　　　　　　　　　　　　　　　　　)
Now what are we going to do?
(　　　　　　　　　　　　　　　　　　　　　　　　　　　)

will と be going to はどちらもこれから先のことを表しますが、まったく同じ意味というわけではありません。will は話をしている時点でそうすると決めたことを表すのに対し、be going to はすでに以前からそのつもりでいたことを表します。次の例文でその違いを確認しておきましょう。また、例文の会話をパートナーと練習してみましょう。

I have to go to the airport by seven tomorrow.
(明日は7時までに空港に行かないといけないの)

OK. I'll give you a ride.
(わかった。車で送ってあげよう)

How about going shopping after school?
(放課後に買い物に行くのはどう？)

Sorry. I'm going to study in the library. I have to finish the report today.
(ごめん。図書館で勉強することにしているの。レポートを今日終わらせないといけないから)

だたし、時を表す when や条件を表す if などで始まる副詞節では、未来のことであっても現在形を使うので注意しましょう。

　　ex.) If it rains tomorrow, I will not go out.
　　　　（もし明日雨なら外出しないつもりです）

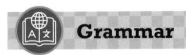

Grammar

文法に強くなろう！

A. 例にならい枠の中から適切な単語を選び、必要な場合は適切な形にして次の1～4の文を完成させましょう。

例　Tomorrow is Hiromi's birthday. She'll (be) 19.

1. I'm going to (　　　　) time with my family.
2. We (　　　　) an amusement park last Sunday.
3. I'll (　　　　) a 3-day camp with my club members.
4. I plan to (　　　　) to my hometown during Golden Week holidays.

be ✓
join
return
spend
visit

B. 例にならい、カッコ内から正しい語句を選び○で囲みましょう。

例　Hurry! (We won't / (We'll)) be late for class.

1. (Are / Will) you go back to Kyoto for summer vacation?
2. "Is Aya coming to the camp?" "I'm not sure. (I'll / I'm going to) ask her."
3. "Why don't we go out for dinner?" "Sorry. (I'll / I'm going to) visit Tim in the hospital."
4. If you (have / will have) time tomorrow, let's go to the movies.

C. 日本語の意味に合うようにカッコ内の語句を並べ替え、英文を完成させましょう。ただし、文の始めにくる単語も小文字にしてあり、<u>1つ余分な語句が含まれています</u>。

1. あなたはテニス合宿に参加する予定ですか？

　　(are / will / join / to / you / going) the tennis camp?

　　_____

2. 私は夏休みにホームステイをするつもりです。

　　(homestay / I'll / I'm going / during / a / do) summer vacation.

　　_____

3. 私たちはハワイに家族旅行に行きます。

　　(we'll / going / family trip / on / we're / a) to Hawaii.

　　_____

4. この夏に何を計画していますか？

　　(are / will / what / for / planning / you) this summer?

　　_____

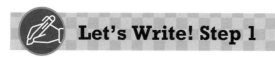 **Let's Write! Step 1** センテンスを書く練習をしよう！

次の日本文を英語にしてみましょう。文の出だしが与えられているものは、それに続けて書きましょう。また、下線部は下のヒントを参考にしましょう。 15

1. この週末は何をする予定ですか？	What are _____
2. 友人たちと買い物に出かける予定です。	I'm _____
3. 家でのんびりするつもりです。	I'm _____
4. プレゼンの準備をする予定です。	I'm _____
5. 予定はありません。 （私は何も予定を持っていません）*	I don't _____
6. レストランでアルバイトをする予定です。	I'll _____
7. アルバイトをするつもりはありません。	I won't _____
8. 家族と海外旅行に行く予定です。	I'm _____
9. あなたはどこに行く予定なのですか？	Where _____
10. どれくらいそこに滞在する予定ですか？	How long _____

[Hints]　*カッコ内の日本語は、英語に訳しやすくするために書き直したものです。
　〜の準備をする：prepare for　　海外旅行に行く：go on a trip abroad
　そこに滞在する：stay there

Quick Response Training

1. 日本語の文を見てすぐさま対応する英文が言えるように繰り返し練習しましょう。
2. 1〜10 までの日本語の文を何秒で英文にして言えるかペアで競い合ってみましょう。

Your Time ⏱ :　　　　seconds

35

 **Let's Read and Learn!** サンプルから学ぼう！

ヒロミが書いた次のパッセージを読み、その内容について 1〜3 の質問に答えましょう。 16

My summer plans

What are you planning for this summer? I'm going on a homestay in Australia for a month. This will be my first trip abroad and I'm not good at English, so I'm a little worried. At the same time, however, I'm very excited about visiting Australia. I'll be taking intensive English lessons at a language school in Perth. I hear people from a lot of countries come to the school, so I hope to make friends with them. Also, I'm looking forward to spending time with my host family. These will be good chances for me to learn about different cultures. I can't wait for the summer vacation.

1. Hiromi has no _____ in her English ability.
   (A) interest   (B) confidence
   (C) difficulty

2. How is Hiromi feeling about the trip?
   (A) Worried and afraid   (B) Happy and excited
   (C) Nervous but excited

3. What is Hiromi going to do in Perth?
   (A) Learn at a language school   (B) Take intensive dance lessons
   (C) Work as a volunteer

[Note] Perth：パース（西オーストラリア州の州都）

 Point　主なつなぎ言葉 (2)

つなぎ言葉には Unit 4 で取り上げたものの他に、下の表に挙げるものもよく使われます。*Let's Read and Learn!* のパッセージでは、逆接を示す however や情報追加を示す also が使われていました。

意　味	つなぎ言葉	
結果（したがって、そのため）	as a result（結果として） thus（したがって）	therefore（それゆえ）
逆接（しかし、ところが）	however（しかしながら） nevertheless（それにもかかわらず）	
情報追加（さらに、しかも）	also（また） furthermore（さらに） moreover（さらに）	besides（さらに） in addition（さらに）
例示（例えば）	for example（例えば）	for instance（例えば）

Let's Write! Step 2

パラグラフを書いてみよう！

Let's Read and Learn! で読んだパッセージを参考にして、夏休みの予定を説明する英文を書きましょう。下の Useful Expressions も参考にすると良いでしょう。

Useful Expressions

- I'll get a driver's license during summer vacation.（夏休みに車の免許を取る予定です）
- I'll go back to my hometown and spend time with my family.（帰省し家族と過ごす予定です）
- I'm going to work as a lifeguard at the beach in order to save money for my trip.（旅行のお金を貯めるためビーチで救助員のアルバイトをするつもりです）
- I'm going to Hawaii with my family this summer.（この夏は家族でハワイに行く予定です）
- I don't have any plans in particular.（特に予定はありません）
- I'm going to take part in a short-term overseas study program.（短期海外研修に参加予定です）

My summer plans

_____
_____
_____
_____
_____
_____
_____
_____
_____
_____
_____

[Hints]

←導入文を書きましょう。省略してすぐに主題文を書いても構いません。

←主題文を書きましょう。

←支持文を書きましょう。5W1H（When、Where、Who、What、Why、How）を意識して書くと説明しやすいでしょう。

←全体的な感想など、結論文を書きましょう。

LINGUAPORTA Training

授業の復習として、リンガポルタの問題を解いておきましょう。

Unit 06 Give Directions to Your House

文法 助動詞

ヒロミは、英語の授業で最寄りの駅から自宅への道順を説明することになり、その原稿を準備しています。文法では助動詞に焦点を当てて学習します。また、ライティングでは、道順の説明に役立つ表現や場所の描写を学びます。

Warm-up

授業前に確認しておこう！

Vocabulary Preview

1〜10 の語句の意味として適切なものを a〜j の中から選びましょう。

 17

1. direction _____	a. 出口
2. miss _____	b. 横断歩道
3. hate _____	c. 道に迷った
4. walking distance _____	d.（場所に）不慣れな人、不案内な人
5. exit _____	e. 地下鉄
6. crosswalk _____	f. 〜を見逃す
7. stranger _____	g. 方向、（複数形で）道順
8. intersection _____	h. 〜をひどく嫌う
9. lost _____	i. 交差点
10. subway _____	j. 歩いて行ける距離

ビートに乗って 1〜10 の語句を発音してみましょう。

Grammar Point: 助動詞

Hiromi **should** be here any moment.　　（ヒロミはもう間もなくここに来るはずです）
The house is on the corner; you **can't** miss it.
　　　　　　　　　　　　　　　　（その家は角にあります。見逃すことはないですよ）

助動詞は動詞の前につけて動詞に意味を追加するものです。助動詞の場合、一般動詞と違って主語が 3 人称単数であっても語尾に -s や -es がつくことはありません。

主な助動詞とその用法は下の表の通りです。

can	〜できる（be able to） 〜してもよい	must	〜しなければならない（have to） 〜に違いない
may	〜してもよい 〜かもしれない	might	〜かもしれない
should	〜すべきである 〜のはずである	used to	以前は〜だった

must の否定形 must not は「～してはいけない」という意味になり、「～する必要はない」と言いたい場合は don't have to を使います。また、would と could はそれぞれ助動詞 will と can の過去形ですが、実際のコミュニケーションにおいては過去の意味で使うのではなく、丁寧な言い方をする場合によく用いられます。

would like	～をいただきたいのですが	* want や want to よりも丁寧で控えめな感じがします。
would like to	～したいのですが	
Would you ...?	～していただけないでしょうか？	* Will you ...? や Can you ...? よりも丁寧で控えめな感じがします。
Could you ...?		

　上の表を参考にして、下の例文の日本語訳を完成させましょう。日本語訳を確認したら、例文の会話をパートナーと練習してみましょう。

　また、助動詞 shall は相手の意向を尋ねる場合に使われます。

Shall I ...?	（私が）～しましょうか？	申し出
Shall we ...?	一緒に～しませんか？	提案や勧誘

ex.) "Shall I drive you to the station?" "Yes, please. / No, thank you."
　　（「駅まで車で送りましょうか？」「ええ、お願いします／いいえ、結構です」）
　　"Shall we take a break?" "Yes, let's. / No, let's not."
　　（「休憩を取りませんか？」「ええ、そうしましょう／いいえ、やめておきましょう」）

Grammar

文法に強くなろう！

A. 例にならい、枠の中から適切な語句を選んで次の1～4の文を完成させましょう。

例　You (*must*) be tired after your long flight.

1. Let's ask for directions at that store, (　　　) we?
2. Sorry, I'm a stranger here. (　　　) you ask someone else?
3. You don't (　　　) change trains.
4. I (　　　) hate my apartment, but now I love it.

used to
have to
must ✓
shall
could

B. 例にならい、カッコ内から正しい語句を選び○で囲みましょう。

例　It's a huge building. You (can /(can't)) miss it.

1. "(Could I / Could you) have a subway map, please?" "Sure. Here you are."
2. The sign "Keep out" means that you (don't have to / must not) enter.
3. Excuse me. (I'd like / I'd like to) go to the nearest convenience store.
4. It's not within walking distance. (Shall I / Shall you) give you a ride?

C. 日本語の意味に合うようにカッコ内の語句を並べ替え、英文を完成させましょう。ただし、文の始めにくる単語も小文字にしてあり、1つ余分な語句が含まれています。

1. どこへ行きたいのですか？

    (like to / like / where / go / you / would)?

    _____

2. 最寄りの駅に行く道を教えてくださいませんか？

    (tell / the way / to / could you / could I / me) the nearest station?

    _____

3. あそこにはかつて大きな公園がありました。

    There (to / be / used / was / a / big) park over there.

    _____

4. この道をまっすぐ行くと、左側にその博物館が見えますよ。

    Go straight along this street and you (will / the museum / left / your / see / on / in).

    _____

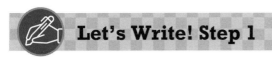

Let's Write! Step 1

センテンスを書く練習をしよう！

次の日本文を英語にしてみましょう。文の出だしが与えられているものは、それに続けて書きましょう。また、下線部は下のヒントを参考にしましょう。

 18

1. <u>長旅</u>できっとお疲れでしょう。 （あなたはあなたの長旅の後で疲れているに違いありません）*	You
2. そこへは駅から歩いて行けますか？ （私は駅からそこへ歩くことができますか？）	Can
3. はい、ここから<u>歩いて 5 分ほど</u>です。	Yes, it's
4. 駅への道を教えていただけませんか？	Could you
5. 駅まで<u>バスに乗る</u>こともできますが、<u>そんなに遠く</u>ありません。	You can
6. <u>グーグルマップ</u>を使う必要はありません。	You don't
7. 私たちは 5 時までに<u>そこに着か</u>なければいけません。	We have
8. お聞きしたいことがあるのですが。 （私はあなたにいくつか質問をしたいのです）	I'd like
9. <u>タクシーに乗る</u>のは<u>良い考え</u>かもしれません。	It may
10. 私は以前、<u>この近くに</u>住んでいました。	I used

[Hints]　*カッコ内の日本語は、英語に訳しやすくするために書き直したものです。

長旅 : a long trip　　　　　歩いて 5 分ほど : a five-minute walk　　バスに乗る : take a bus
そんなに遠く : that far　　 グーグルマップ : Google Maps　　　　　そこに着く : get there
タクシーに乗る : take a taxi　良い考え : a good idea　　　　　　　　この近くに : near here

Quick Response Training

1. 日本語の文を見てすぐさま対応する英文が言えるように繰り返し練習しましょう。
2. 1〜10 までの日本語の文を何秒で英文にして言えるかペアで競い合ってみましょう。

Your Time ⏱ : _____ seconds

41

 **Let's Read and Learn!** サンプルから学ぼう！

ヒロミが書いた次のパッセージを読み、その内容について 1～3 の質問に答えましょう。 19

Directions to my apartment

I'll give you the directions to my apartment. It's about a five-minute walk from Nakano Station. When you get to the station, come out of the North Exit. Cross the street at the crosswalk, and turn right. Then, walk down the street until you reach an intersection. If you turn left at the intersection, you'll see a convenience store on your left. You can ask for directions at the store if you're lost. Continue walking for about one minute, and you'll reach another intersection. My apartment building, Nakano Hills is just on the other side of the crosswalk. My apartment is on the third floor, next to the elevator.

1. How long will it take to get to Hiromi's apartment from Nakano Station on foot?
   (A) About three minutes　　(B) About five minutes
   (C) About six minutes

2. After coming out of the North Exit of Nakano Station, you should _____ first.
   (A) cross the street and turn right　　(B) walk down the street
   (C) turn left at the intersection

3. Which of the following is true?
   (A) Nakano Hills has no elevator.　　(B) Hiromi lives on the third floor.
   (C) Hiromi's apartment is next to Nakano Hills.

[Notes]　on the other side of：～の反対側に　　apartment building：アパート

 Point　場所の描写

場所の位置関係を示す際には下の表に挙げる表現がよく使われます。

across (道路、通りなど)、across from (人や物、場所) のように使い分けます。

～の隣に	next to	～の辺りに	around
～の向かい側に	across, across from	～の近くに	near, close to
～の前に	in front of	～の後ろに	behind
～の反対側に	on the opposite side of	AとBの間に	between A and B

次の例文を参考にして位置関係の示し方を確認しておきましょう。
・The pharmacy is across the street.（薬局は道路の向かい側にあります）
・My house is right across from the post office.（私の家は郵便局の真向かいにあります）
・The museum is on the opposite side of the street.
　　　　　　　　　　　　　　　（その美術館は通りの反対側にあります）
・There is a convenience store next to the hotel.（そのホテルの隣にコンビニがあります）
・The library is behind the park.（図書館は公園の裏側にあります）

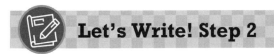

Let's Write! Step 2

パラグラフを書いてみよう！

Let's Read and Learn! で読んだパッセージを参考にして、最寄りの駅から自宅までの道順を説明する英文を書きましょう。自宅までの道順の説明が難しい場合は、最寄りの駅から大学までの道順や大学からお気に入りのレストランまでの道順など、説明しやすい道順を選んでも構いません。下の Useful Expressions も参考にすると良いでしょう。

Useful Expressions

- My house is within easy walking distance from XXX (JR) Station.（私の家はJRのXXX駅から楽に歩いて行ける距離にあります）
- It takes about 10 minutes to get to my house from the station.（駅から私の家まで10分ぐらいです）
- Turn right at the corner and go straight ahead.（角を右に曲がり、まっすぐ進んでください）
- It's on your right, next to the bakery.（それはパン屋の隣で右手にあります）
- Go two blocks along the street.（道に沿って2区画進んでください）
- Then you'll find my house on your right.（そうすれば右手に私の家が見つかります）

Directions to ＿＿＿＿＿＿＿＿

_____
_____
_____
_____
_____
_____
_____
_____
_____
_____
_____

[Hints]

←下線部には自宅の他、大学やお気に入りのレストランなど、適当なタイトルを書きましょう。

←導入文を書きましょう。省略してすぐに主題文を書いても構いません。

←主題文を書きましょう。

←支持文を書きましょう。「徒歩5分」など、最初に大まかな時間や距離を示しておくとわかりやすくなります。その後に、「まず」、「次に」、「それから」など、順序を表す表現を使って道順を説明しましょう。

LINGUAPORTA Training

授業の復習として、リンガポルタの問題を解いておきましょう。

Unit 07 Write about Your Favorite Movie

文法 受動態

ヒロミは、英語の授業でお気に入りの映画やテレビドラマ、本について発表することになり、その原稿を準備しています。文法では**受動態**に焦点を当てて学習します。また、ライティングでは、**お気に入りの映画の紹介に役立つ表現や感想の述べ方**を学びます。

Warm-up

授業前に確認しておこう！

Vocabulary Preview

1~10 の語句の意味として適切なものを a~j の中から選びましょう。 CD 20

1. scene　　　＿＿＿　　a.（映画などの）試写会
2. direct　　　＿＿＿　　b. 続編
3. bored　　　＿＿＿　　c. 続く
4. excellent　　＿＿＿　　d. ~で主役を演じる
5. last　　　　＿＿＿　　e. 退屈した
6. preview　　＿＿＿　　f.（映画など）を封切りする、公開する
7. sequel　　　＿＿＿　　g.（映画など）を監督する
8. leading role ＿＿＿　　h. 主役
9. star in　　　＿＿＿　　i.（映画などの）場面、シーン
10. release　　＿＿＿　　j. 極めて良い

ビートに乗って 1~10 の語句を発音してみましょう。

Grammar Point: 受動態

Ryusuke Hamaguchi **directed** the film *Drive My Car*.
（濱口竜介氏が映画『ドライブ・マイ・カー』を監督しました）〔能動態〕

The film *Drive My Car* **was directed by** Ryusuke Hamaguchi.

> 「~によって」は《by +行為者》という形で表しますが、誰がしたのかが重要でない場合には不要です。

（映画『ドライブ・マイ・カー』は濱口竜介氏によって監督されました）〔受動態〕

「~は…される／されている」のように、何らかの動作を受ける意味を表す場合には、**受動態**を用い、《be 動詞＋過去分詞》という形で表します。これに対して、これまで学習してきた「~は…する」のように、何かに働きかける意味を表す文を**能動態**と言います。

能動態にするか受動態にするかは、話題になっている「もの」や「こと」によって決まります。次の例文では、話題が「その小説」なので受動態が使われているわけです。

The novel sold more than five million copies in a year, and it <u>was made</u> into a movie.
（その小説は1年で500万部以上も売れ、映画化されました）

また、過去分詞は、start → started（過去形）→ started（過去分詞）のように、多くの場合動詞の過去形と同じ形ですが、begin → began（過去形）→ begun（過去分詞）のように不規則に変化するものもあります。巻末資料を参考にしながら下の表の空欄に適切な動詞の形を書き入れ確認しましょう。

不規則動詞の変化パターン	原　形	過去形	過去分詞
A-A-A （原形、過去形、過去分詞がすべて同じ）	cost put	cost	cost
A-B-A （原形と過去分詞が同じ）	become run		
A-B-B （過去形と過去分詞が同じ）	bring meet		
A-B-C （原形、過去形、過去分詞がすべて異なる）	speak write		

受動態にも能動態と同じように、過去形や未来表現、進行形などがあります。下の例文の日本語訳を完成させながら使い方を確認しましょう。また、日本語訳を確認したら、例文の会話をパートナーと練習してみましょう。

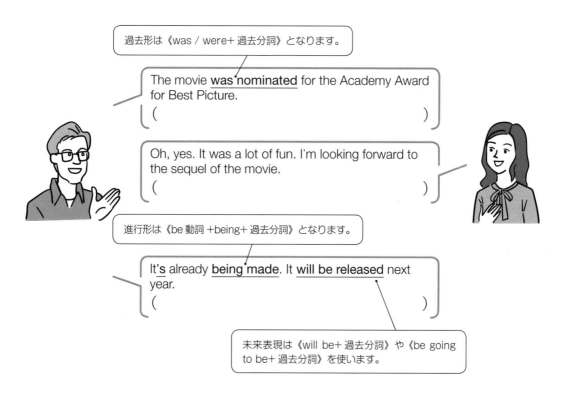

Grammar

文法に強くなろう！

A. 例にならい、枠の中から適切な単語を選び、必要な場合は適切な形にして次の 1〜4 の文を完成させましょう。

例　The novel was (*made*) into a movie.

1. I was (　　　　) to the preview of the new movie.
2. We enjoyed (　　　　) about the animated movie.
3. My purse was (　　　　) at the movie theater.
4. The street is (　　　　) after a popular movie.

| name |
| talk |
| make ✓ |
| steal |
| invite |

B. 例にならい、カッコ内から正しい語句を選び○で囲みましょう。

例　This movie project (calls /(is called)) Project X.

1. Johnny Depp (plays / is played) a police officer in the film.
2. The film director is known (by / for) his hard work.
3. The spy film (bases / is based) on a true story.
4. The adventure film (lasts / is lasted) for more than three hours.

C. 日本語の意味に合うようにカッコ内の語句を並べ替え、英文を完成させましょう。ただし、文の始めにくる単語も小文字にしてあり、1つ余分な語句が含まれています。

1. 彼がこの映画の主演です。

   (the / role / plays / is played / leading / he) in this movie.

   _____

2. その映画は先週公開されました。

   (released / releasing / movie / was / the / last) week.

   _____

3. アクション映画には絶対飽きません。

   I can (with / action / never / be / bored / boring) movies.

   _____

4. その映画の主演は誰ですか？

   (star / the movie / who / is / starring / in)?

   _____

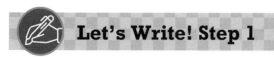 **Let's Write! Step 1** センテンスを書く練習をしよう！

次の日本文を英語にしてみましょう。文の出だしが与えられているものは、それに続けて書きましょう。また、下線部は下のヒントを参考にしましょう。 21

1. この映画は日本が舞台になっています。	This ___
2. この映画は実話に基づいてはいません。	This ___
3. その俳優は 2023 年にアカデミー賞を取りました。	The ___
4. 彼はアカデミー賞候補に指名されませんでした。	He ___
5. 誰がその映画を監督しましたか？	Who ___
6. その映画はいつ公開されますか？	When will ___
7. それは今週末に公開されます。	It will ___
8. これを英語で何と呼びますか？	What do ___
9. これは英語で何と呼ばれていますか？	What is ___
10. その小説は映画化される予定です。	The novel ___

[Hints]
～が舞台になっている：be set in　　実話：a true story　　～に基づいている：be based on
アカデミー賞を取る：win an Academy Award　　～候補に指名される：be nominated for
公開される：be released　　映画化される：be made into a movie

Quick Response Training

1. 日本語の文を見てすぐさま対応する英文が言えるように繰り返し練習しましょう。
2. 1〜10 までの日本語の文を何秒で英文にして言えるかペアで競い合ってみましょう。

Your Time ⏱ : ___ seconds

47

ヒロミが書いた次のパッセージを読み、その内容について1〜3の質問に答えましょう。

My favorite movie

My favorite movie is *Top Gun: Maverick*. This is the sequel to the 1986 Hollywood blockbuster action film *Top Gun*. It stars Tom Cruise. It is a story about a U.S. Navy test pilot called Pete "Maverick" Mitchell, and Maverick is ordered to train an elite group of pilots for an urgent mission. The film was directed by Joseph Kosinski, and he did an excellent job. There are many great action scenes, and it was a lot of fun. I never got bored. In fact, I went to the movie theater to watch this movie three times in a month! If you like the first *Top Gun*, you should see this movie. You'll never get bored!

1. Which of the following is true about the movie *Top Gun: Maverick*?
   (A) It was made in 1986.   (B) It is filled with action.
   (C) It was directed by Tom Cruise.

2. Hiromi says that Joseph Kosinski did a _____ job.
   (A) great   (B) urgent
   (C) poor

3. Hiromi watched the film at the movie theater _____.
   (A) once   (B) twice
   (C) at least three times

[Notes] blockbuster：大ヒット作　Navy：海軍　urgent：緊急の　mission：使命
Joseph Kosinski：ジョセフ・コシンスキー（映画監督）

Point 感想の述べ方

映画などについての感想を述べる場合、主語を「私」にするか、それとも映画などにするかによって、動詞の後に続く形容詞の選び方が変わってきますので注意しましょう。例えば、***Let's Read and Learn!*** のパッセージの文 "I never got bored." では、I を主語にしているため bored が使われていますが、the movie を主語にした場合は "The movie was not boring at all." のように boring を使います。*

次の例文を参考にして感想の述べ方を確認しておきましょう。
- I was very impressed by the last scene.（私はラストシーンにとても感動しました）
- The last scene was really impressive.（ラストシーンは本当に感動的でした）

（注）*分詞から派生した形容詞の使い分けについては Unit 11 で詳しく取り上げていますのでそちらも参照してください。

Let's Write! Step 2

パラグラフを書いてみよう！

Let's Read and Learn! で読んだパッセージを参考にして、お気に入りの映画を紹介する英文を書きましょう。必ずしも映画に限らず、お気に入りの本やテレビドラマ、ゲームを選んでも構いません。下の Useful Expressions も参考にすると良いでしょう。

Useful Expressions

- The best movie I've ever seen is *Titanic* (1997).（今まで見た中で最高の映画は『タイタニック』(1997)です）
- The special effects are surprisingly realistic.（特殊効果は驚くほど本物そっくりです）
- The acting was very moving.（演技がとても感動的でした）
- My favorite thing about the movie is the story.（その映画でお気に入りなのはストーリーです）
- The music and dance were fantastic.（音楽とダンスが素晴らしかったです）
- If you love romantic movies, you should see this movie.（恋愛映画が大好きならばこの映画を見るべきです）
- I recommend that you see the movie in a movie theater.（映画館でその映画を見るのをお勧めします）

[Hints]

←下線部にはお気に入りの映画の他、本やテレビドラマ、ゲームなど、適当なタイトルを書きましょう。

←導入文を書きましょう。省略してすぐに主題文を書いても構いません。

←主題文を書きましょう。

←支持文を書きましょう。映画の場合、どんなジャンルか、誰が出演しているか、見た後でどのように感じたか、何回見たかなどを書くと説明しやすいでしょう。

←全体的な感想など、結論文を書きましょう。

LINGUAPORTA Training

授業の復習として、リンガポルタの問題を解いておきましょう。

Unit 08 Write about Things You Enjoy

文法 現在完了形

ヒロミは、英語の授業で自分が楽しんでいることを発表することになり、その原稿を準備しています。文法では**現在完了形**に焦点を当てて学習します。また、ライティングでは、**趣味の説明に役立つ表現**や**主なつなぎ言葉（3）**を学びます。

Warm-up

授業前に確認しておこう！

Vocabulary Preview

1〜10 の語句の意味として適切なものを a〜j の中から選びましょう。　CD 23

1. surf _____　　　a. すでに
2. particularly _____　　　b. クラシック（音楽）の
3. regular _____　　　c. 高性能の
4. strategy _____　　　d. 特に
5. musical _____　　　e. オンラインの、インターネットで
6. high-spec _____　　　f. 初歩の
7. classical _____　　　g. （インターネットで情報を）あちこち見る
8. online _____　　　h. ミュージカル
9. already _____　　　i. いつもの、普通の
10. elementary _____　　　j. 戦略

ビートに乗って 1〜10 の語句を発音してみましょう。

Grammar Point: 現在完了形

I've *already* **finished** my homework, so I can relax today.
　　　　　　　　（私はすでに宿題を済ませたので、今日はゆっくりできます）

＞ 否定文にするには have/has の後に not をつけます。また、会話では短縮形がよく使われます。

I **haven't got** a ticket for the concert *yet*.（私はまだコンサートのチケットを入手していません）
Have you **got** a ticket for the concert *yet*?　（もうコンサートのチケットは入手しましたか？）

＞ 疑問文にするには have/has を主語の前に持ってきます。

　過去にしたことや過去に起こったことを現在と結びつけて話す場合には**現在完了形**を用い、《have / has+ 過去分詞》という形で表します。主語が he など 3 人称単数の場合は have ではなく has を使います。現在完了形は、現在の状況を述べる言い方なので、last month など、明確に過去の時点を表す表現とは一緒に使いません。次の表で過去形との違いを確認しましょう。

　下の表のように、現在完了形の表す意味にはいくつか種類があり、just（ちょうど今）や already（すでに）、yet（もうすでに、まだ）などの副詞が意味を見極める上でのポイントになります。次の例文の日本語訳を完成させながらそれぞれの意味を確認しましょう。

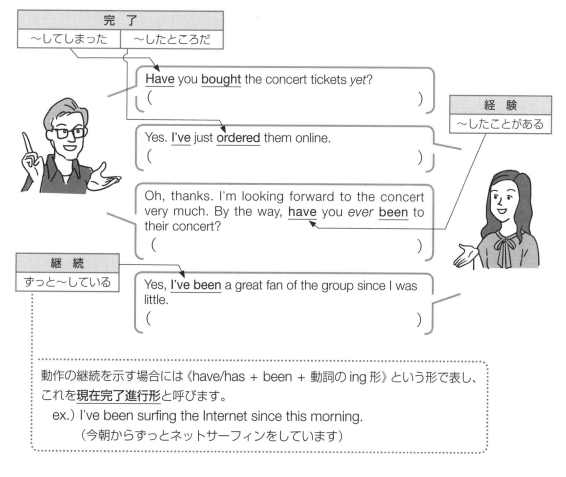

　また、日本語訳を確認したら会話をパートナーと練習してみましょう。

A. 例にならい、枠の中から適切な単語を選び、必要な場合は適切な形にして次の1〜4の文を完成させましょう。

例 Carol has never (*tried*) sushi.

1. I've never (　　　　) a big fan of classical music.
2. Have you ever (　　　　) an online game?
3. We (　　　　) to the concert two days ago.
4. Hiromi has been (　　　　) on the phone since this morning.

| talk |
| be |
| play |
| go |
| try ✓ |

B. 例にならい、カッコ内から正しい語句を選び○で囲みましょう。

例 Jeff has been in Japan (since /(for)) five years.

1. I haven't seen this movie (already / yet).
2. I (played / have played) the trumpet in the brass band when I was in high school.
3. Aya has (been / gone) to France, and will be back on Monday.
4. When (did you start / have you started) playing music?

C. 日本語の意味に合うようにカッコ内の語句を並べ替え、英文を完成させましょう。ただし、文の始めにくる単語も小文字にしてあり、1つ余分な語句が含まれています。

1. 私は今朝からずっとオンラインゲームをしています。

(played / I've / since / playing / online games / been) this morning.

_____

2. 今までのところ、私はハワイと香港に行ったことがあります。

So far (been / went / to / Hawaii / I've / and) Hong Kong.

_____

3. ライブからちょうど戻って来たところです。

(back / came / come / a / from / I've just) live show.

_____

4. この曲を聞いたことがありますか？

(hear / ever / have / song / this / you / heard)?

_____

 **Let's Write! Step 1**　　　　　センテンスを書く練習をしよう！

次の日本文を英語にしてみましょう。文の出だしが与えられているものは、それに続けて書きましょう。また、下線部は下のヒントを参考にしましょう。

1. 昨夜はオンラインゲームを5時間しました。	I
2. 私たちは日曜日からニューヨークに来ています。	We
3. あなたはいつそのチケットを**インターネットで買い**ましたか？	When
4. あなたはもうそのコンサートのチケットをインターネットで買いましたか？	Have
5. 今日はまだメールをチェックしていません。	I haven't
6. ロブは**午前中ずっとネットサーフィンをして**います。	Rob has
7. 今までにミュージカルを見たことがありますか？	Have you
8. 私たちはこの**野外音楽フェスティバル**を長い間ずっと待っていました。	We've
9. 私たちはまだその野外音楽フェスティバルのチケットを買っていません。	We haven't
10. 私は1度も野外音楽フェスティバルに行ったことがありません。	I've never

[Hints]

インターネットで〜を買う：buy ... online　　　午前中ずっと：all morning
ネットサーフィンをする：surf the Internet　　　野外音楽フェスティバル：open-air music festival

Quick Response Training

1. 日本語の文を見てすぐさま対応する英文が言えるように繰り返し練習しましょう。
2. 1〜10までの日本語の文を何秒で英文にして言えるかペアで競い合ってみましょう。

Your Time ⏱ :　　　　seconds

Let's Read and Learn! サンプルから学ぼう！

ヒロミが書いた次のパッセージを読み、その内容について1〜3の質問に答えましょう。 25

What I like to do

Computers are a big part of my life. I've been using them since I was in elementary school. Now I have two computers at home, and I spend three or four hours surfing the Internet every day. I enjoy visiting various news sites online. In fact, I haven't read regular newspapers for the past few years. Of course, I also enjoy watching videos on YouTube. My favorite YouTube channel is "Tim's Game World." Through this channel, I can get a lot of information about new exciting games and their strategy guides. As my computers are getting old, I'm thinking of building a high-spec computer by myself.

1. Hiromi hasn't _____ for the past few years.

    (A) watched videos on YouTube   (B) read regular newspapers

    (C) visited news sites on the web

2. Which of the following is true about Tim's Game World?

    (A) Hiromi hasn't watched it yet.   (B) It's a popular online game.

    (C) Hiromi likes it very much.

3. Hiromi is considering _____.

    (A) building a computer   (B) buying a high-spec computer

    (C) uploading a new strategy guide

[Notes]　elementary school：小学校　　strategy guide：攻略法ガイド

 **主なつなぎ言葉 (3)**

　Unit 4〜5で主なつなぎ言葉を取り上げましたが、***Let's Read and Learn!*** のパッセージに出てくる in fact もつなぎ言葉としてよく使われます。「実際」と訳すことが多いですが、次の表のように2つの意味があります。

意　味	例　文
1.［前言を補足して］実際には ＊前文の内容にさらに詳しい情報・説明・事実を付け加えます。	I've seen the movie. In fact, I liked it so much that I saw it twice.（私はその映画を見たことがあります。実際とても気に入って2回見ました）
2.［前言を強調・否定して］それどころか、ところが実際は ＊前文の内容とは異なることを伝えます。	I thought building a computer by myself would be difficult. In fact, it was very easy.（コンピューターを自作するのは大変だと思っていました。ところが実際はとても簡単でした）

54

Let's Write! Step 2 — パラグラフを書いてみよう！

Let's Read and Learn! で読んだパッセージを参考にして、自分が楽しんでやっていることを説明する英文を書きましょう。下の Useful Expressions も参考にすると良いでしょう。

Useful Expressions

- I really enjoy cooking, especially when it's for special occasions.（私は料理が好きですが、特に特別な時に料理するのが本当に楽しいです）
- I like reading novels. I like all kinds, but I particularly like reading mysteries.（私は小説を読むのが好きです。どんな小説も好きですが、特にミステリーが好きです）
- Traveling is something I enjoy doing.（私が楽しんでいるのは旅行です）
- Music has always been a big part of my life.（音楽は私の生活でずっと大きな部分を占めてきました）
- I enjoy going shopping for clothes.（洋服を買いに行くのを楽しんでいます）
- It's a lot of fun to eat out sometimes.（時々外食するのはとても楽しいです）

What I like to do

_____
_____
_____
_____
_____
_____
_____
_____
_____
_____
_____

[Hints]

←導入文を書きましょう。省略してすぐに主題文を書いても構いません。

←主題文を書きましょう。

←支持文を書きましょう。5W1H (When, Where, Who, What, Why, How) を意識して書くと説明しやすいでしょう。

←全体的な感想や今後の予定など、結論文を書きましょう。

LINGUAPORTA Training

授業の復習として、リンガポルタの問題を解いておきましょう。

Unit 09 Write about Your Schoolwork

文法 比較

ヒロミは、英語の授業で前期の成績について発表することになり、その原稿を準備しています。文法では<u>比較</u>に焦点を当てて学習します。また、ライティングでは、<u>理由の説明に役立つ表現</u>や<u>列挙の方法</u>を学びます。

Warm-up

授業前に確認しておこう！

Vocabulary Preview

1〜10の語句の意味として適切なものをa〜jの中から選びましょう。 26

1. semester _____　　　　a. 期末試験
2. grade _____　　　　　　b. 学業
3. final _____　　　　　　　c. がっかりした、失望した
4. subject _____　　　　　　d. 成績表
5. schoolwork _____　　　　e. 学期
6. midterm _____　　　　　f. 成績、評点
7. smart _____　　　　　　　g. 合格する、受かる
8. disappointed _____　　　h. 中間試験
9. report card _____　　　　i. 利口な、賢い
10. pass _____　　　　　　　j. 科目

ビートに乗って1〜10の語句を発音してみましょう。

Grammar Point: 比較

That was a very **easy** exam.　　　　　　　　（あれはとても簡単な試験でした）[形容詞]

I **barely** passed the exam.　　　　　　　　（私はかろうじてその試験に合格しました）[副詞]

I'm **as busy as** a bee* during exam week.　　（試験週間中はとても忙しいです）
The final was **more difficult than** I thought.　（期末試験は思っていたよりも難しかったです）
I find English Presentation **the most difficult** of all the subjects.
　　　　（私はすべての科目の中でイングリッシュ・プレゼンテーションが最も難しいと感じます）

＊as busy as a bee:「働きバチと同じくらい忙しい」で「とても忙しい」という意味を表します。

<u>形容詞</u>は、1番目の例文における easy のように、**名詞と結びついて人やものの状態や性質を説明するもの**です。形容詞は名詞の直前に置かれる他、"The test was easy." のように、動詞の後に置いて主語（＝名詞・代名詞）に説明を加えたりします。それに対し、<u>副詞</u>は、2番目の例文における

barely のように、動詞や形容詞、他の副詞といった**名詞以外のものと結びついて様子や場所、時、頻度などを説明するもの**です。次の表で副詞の種類を確認しましょう。

「様態」（どのように）を表す	well, fast など	Jeff speaks Japanese very <u>well</u>.
「場所」（どこで）を表す	here, home など	I'd rather stay <u>home</u> than go out.
「時」（いつ）を表す	late, soon など	I hope we can get together <u>soon</u>.
「頻度」（どれくらいの度合いで）を表す 一般動詞の前、be 動詞・助動詞の後に置くのが基本です。	always, often など	I <u>always</u> carry my laptop to school. Hiromi is <u>never</u> late for class.
「程度」（どれだけ）を表す	barely, hardly など	I can <u>hardly</u> wait till the weekend.

次に、形容詞や副詞を使って「〜と同じくらい…だ」と 2 つのものを比較する場合、《as+ 形容詞／副詞 +as ...》という形で表します。また、「〜より難しい」や「最も難しい」のように、他と比較しながら話す場合、「難しい」という形容詞の<u>比較級</u>や<u>最上級</u>を使って表現します。

音節については巻末資料を参照してください。

	1 音節	2 音節	3 音節
比較級	-er		more 〜
最上級	-est		most 〜

比較級や最上級にするには、「**1 音節の短い単語は語尾に -er（比較級）、-est（最上級）をつけ、3 音節以上の長い単語は前に more（比較級）、most（最上級）をつける**」が基本ですが、2 音節の単語は両方のパターンがあります。また、不規則に変化するものもいくつかあります。下の表を完成させながら確認しましょう。

		原　級	比較級	最上級	
1 音節		high	higher	highest	語尾に -er/-est をつける（基本パターン）
		large	larger	largest	語尾に -r/-st をつける（-e で終わる単語）
		big			子音字を重ねて -er/-est をつける（〈1 母音字 + 1 子音字〉で終わる単語）
2 音節		early	earlier	earliest	y を i に変え -er/-est をつける（〈子音字 + y〉で終わる単語）
		simple	simpler	simplest	語尾に -(e)r/-(e)st をつける（-er, -le, -ow で終わる単語）
3 音節以上		slowly*	more slowly	most slowly	前に more/most をつける (*形容詞に -ly がついた副詞は前に more/most をつける)
		difficult	more difficult	most difficult	
		many/much	more	most	不規則な変化をする（例外的な単語）
		good/well			
		little			
		bad/badly/ill			

下の例文の日本語訳を完成させながら使い方を確認しましょう。また、日本語訳を確認したら、例文の会話をパートナーと練習してみましょう。

I got my report card yesterday and my grades were much <u>better than</u> in high school.
(　　　　　　　　　　　　　　　　　　　　　)

Me, too. The finals weren't <u>as difficult as</u> I thought.
(　　　　　　　　　　　　　　　　　　　　　)

Grammar

文法に強くなろう！

A. 例にならい、枠の中から適切な単語を選んで次の1〜4の文を完成させましょう。

例　Hiromi speaks English very (well).

1. (　　　　) much sun is bad for the skin.
2. The exam was very difficult, and I (　　　　) passed it.
3. I (　　　　) walk to school, but today I took the bus.
4. Hiromi studied in the library and came home very (　　　　) at night.

barely
late
too
usually
well ✓

B. 例にならい、空所に下線部の単語の比較級か最上級を入れて次の1〜4の文を完成させましょう。

例　I can't type very fast. You type (faster) than me.

1. I can't write English very well. Aya writes it (　　　　) than me.
2. Today's exam was very difficult. It was (　　　　) than the one I took yesterday.
3. My grades were bad last semester. But I'm afraid they will be (　　　　) this semester.
4. Jeff is a smart student. In fact, he's the (　　　　) student in our class.

C. 日本語の意味に合うようにカッコ内の語句を並べ替え、英文を完成させましょう。ただし、文の始めにくる単語も小文字にしてあり、1つ余分な語句が含まれています。

1. それは今まで受けた中で最も難しい試験でした。

   It was (exam / the / hardest / taken / I've ever / most).

   _____

2. アヤは私よりはるかに一生懸命勉強します。

   Aya (very / than / studies / me / harder / much).

   _____

3. イングリッシュ・コミュニケーションはすべての科目の中で最も人気があります。

   English Communication (in / of / the most / is / all the subjects / popular).

   _____

4. 期末試験は思ったほど簡単ではありませんでした。

   The finals (as / thought / more / easy / as I / weren't).

   _____

58

 **Let's Write! Step 1**   センテンスを書く練習をしよう！

次の日本文を英語にしてみましょう。文の出だしが与えられているものは、それに続けて書きましょう。また、下線部は下のヒントを参考にしましょう。 27

1. 高校の頃は英語があまり得意ではありませんでした。	I wasn't _____
2. 私は前より英語をかなり上手に話すことができます。	I can _____
3. 前期の成績はあまり良くありませんでした。 （私の成績は、前期にはあまり良くありませんでした）*	My grades weren't _____
4. 私の成績は思っていたよりかなり良かったです。	My grades were _____
5. 私の成績は期待していた程良くはありませんでした。	My grades weren't _____
6. 中間試験は私が予想したほど難しくはありませんでした。	The midterm exams _____
7. この授業はすべての科目の中で最も難しいです。 （私はこの授業をすべての科目の中で最も難しいと感じます）	I find _____
8. 後期はもっと良い成績を取りたいです。 （私は後期により良い成績を取りたいです）	I want to _____
9. 後期はより多くの時間を勉強に費やす予定です。 （私は後期により多くの時間を勉強して過ごす予定です）	I'm going to _____
10. 後期はもっと一生懸命勉強しなければなりません。 （私は後期にもっと一生懸命勉強しなければなりません）	I must _____

[Hints]　*カッコ内の日本語は、英語に訳しやすくするために書き直したものです。
高校の頃：when I was in high school　　〜があまり得意ではない：be not very good at
前より：than before　　かなり：much　　前期：first semester
期待する・予想する：expect　　後期：second semester
時間を勉強に費やす（勉強して時間を過ごす）：spend time studying

Quick Response Training
1. 日本語の文を見てすぐさま対応する英文が言えるように繰り返し練習しましょう。
2. 1〜10までの日本語の文を何秒で英文にして言えるかペアで競い合ってみましょう。

Your Time ⏱：　　　seconds

 **Let's Read and Learn!** サンプルから学ぼう！

ヒロミが書いた次のパッセージを読み、その内容について 1〜3 の質問に答えましょう。 28

My grades for the first semester

Are you happy with your grades for the first semester? I'm not. In fact, I was disappointed. I can think of three reasons for the poor grades. First of all, I started working at a convenience store, and I was too busy with work. I didn't have enough time to study before the finals. Secondly, the finals were much harder than I expected. Finally, since I live alone, I have to do all the housework by myself. I never knew that housework was so hard until I started living alone. I don't want to make the same mistake in the second semester, so I'm going to spend more time on my schoolwork.

1. Hiromi is _____ about her grades for the first semester.
   (A) satisfied   (B) excited
   (C) unhappy

2. Hiromi found the finals _____ she expected
   (A) more difficult than   (B) as hard as
   (C) much longer

3. Hiromi is going to _____ in the second semester.
   (A) spend more time on housework   (B) focus more on her studies
   (C) make the same mistake

[Note] First of all : 第一に

 Point 列挙の方法

理由や根拠を列挙する場合には、次に挙げるような順番を示す語句を使うと良いでしょう。

第一に、まず	first, firstly, to begin with, to start with, first of all
第二に	second, secondly
第三に	third, thirdly
次に	next
最後に	finally, lastly

次の例文で使い方を確認しましょう。

To start with, I don't have enough money, and secondly, I don't have enough time.
（第一に、私には十分なお金がありません。第二に十分な時間がありません）

Let's Write! Step 2　　パラグラフを書いてみよう！

Let's Read and Learn! で読んだパッセージを参考にして、前期の成績についての英文を書きましょう。全体の成績に限らず、特定の科目の成績について述べる形式でも構いません。また、結果とその原因を含めるようにしましょう。下の Useful Expressions も参考にすると良いでしょう。

Useful Expressions
- I'm quite satisfied with my grades.（自分の成績にはかなり満足しています）
- I didn't expect that my grades would be that good.（成績がそんなに良いと期待していませんでした）
- I studied very hard for the finals.（期末試験のために一生懸命勉強しました）
- I stayed up all night preparing for my report.（徹夜してレポートの準備をしました）
- I should have studied much harder for the finals.（期末試験のためにもっと勉強すべきでした）
- I forgot to submit my report.（レポートを提出し忘れました）

My grade(s) for the first semester

[Hints]

←特定の科目についてのみ述べる場合はタイトルの grades は単数形に変更しましょう。

←導入文を書きましょう。省略してすぐに主題文を書いても構いません。

←主題文を書きましょう。成績について「予想していたより良かった」などのように感想を書くと良いでしょう。

←支持文を書きましょう。主題文で述べた成績になった原因を指摘してみましょう。

←結論文を書きましょう。「後期は〜するつもりだ」のように今後の抱負を述べるのも一つの方法です。

LINGUAPORTA Training

授業の復習として、リンガポルタの問題を解いておきましょう。

Unit 10 Give Your Ideas: How to Improve Your English

文法 不定詞

ヒロミは、英語の授業で英語学習法について発表することになり、その原稿を準備しています。文法では**不定詞**に焦点を当てて学習します。また、ライティングでは、**英語学習法の説明に役立つ表現**や**提案の方法**を学びます。

Warm-up

授業前に確認しておこう！

Vocabulary Preview

1〜10 の語句の意味として適切なものを a 〜 j の中から選びましょう。 29

1. effectively　　　＿＿＿＿　　a. 〜を覚える、〜を暗記する
2. read aloud　　　＿＿＿＿　　b. ヒント、助言、コツ
3. suggest　　　　＿＿＿＿　　c. 〜を発音する
4. improve　　　　＿＿＿＿　　d. 歯を磨く
5. bother　　　　 ＿＿＿＿　　e. 効果的に
6. pronounce　　　＿＿＿＿　　f. 習慣、癖
7. tip　　　　　　＿＿＿＿　　g. 〜に面倒をかける、〜の邪魔をする
8. memorize　　　 ＿＿＿＿　　h. 提案する
9. brush one's teeth ＿＿＿＿　i. 音読する
10. habit　　　　　＿＿＿＿　　j. 〜を上達させる

ビートに乗って 1〜10 の語句を発音してみましょう。

Grammar Point: 不定詞

It's a good idea **to practice** reading aloud.　　（音読の練習をすることは良い考えです）
I'm studying English very hard **to study** abroad.
　　　　　　　　　　　　（私は留学するために英語を一生懸命勉強しています）
Do you have time **to help** me with my homework?
　　　　　　　　　　　　（私の宿題を手伝ってくれる時間はありますか？）

《to ＋動詞の原形》の形を **to 不定詞**または単に**不定詞**と呼びますが、その用法は次の表のように大きく3つに分けられます。

> 不定詞の意味が目的であることをはっきり示すため、in order to 不定詞が使われることがあります。

名詞的用法	～すること	One day I'd like **to be** a film director in Hollywood.
副詞的用法	～するために（目的）	**In order to improve** my English pronunciation, I need to practice reading aloud.
	～して（感情の原因）	I'm sorry **to bother** you, but could you help me?
形容詞的用法	～すべき	I have a favor **to ask** you.

> 形容詞的用法は名詞のすぐ後ろにきてその名詞を説明します。「頼むべきお願いを持っている」→「お願いがある」

また、次のように、《形容詞／副詞 + enough to 不定詞》といった慣用表現や、to 不定詞の前に what や how などの疑問詞がついてまとまった意味を表す場合などもあります。例文の日本語訳を完成させながら使い方を確認しましょう。

> 《形容詞／副詞 + enough to 不定詞》で「～するには十分なくらい…だ」となります。

Sarah was **kind enough to show** me some tips to remember words.
(   )

> 《too +形容詞／副詞+ (for 人) + to 不定詞》で「(～が)～するにはあまりにも…すぎる」となります。

This English web page is **too difficult** for me **to understand**.
(   )

> 《want+ 人 +to 不定詞》で「～に … してほしい」となります。

So, what do you **want me to do**?
(   )

> 《how+to 不定詞》で「どのように～したら良いのか、～の仕方」となります。

Could you tell me **how to pronounce** these words?
(   )

Sure. No problem.
いいよ。

また、日本語訳を確認したら、例文の会話をパートナーと練習してみましょう。

Grammar

文法に強くなろう！

A. 例にならい、枠の中から適切な単語を選び、to 不定詞の形にして次の 1〜4 の文を完成させましょう。

例　Would you like something (*to drink*)?

1. I don't get the chance (　　　) English very often.
2. I'm sorry (　　　) you, but could you pass me the salt?
3. I really need (　　　) on my listening skills.
4. Aya stayed up late in order (　　　) her homework.

finish
drink ✓
work
speak
bother

B. 例にならい、カッコ内から正しい語句を選び○で囲みましょう。

例　I want (join / (to join)) your study group.

1. Let me (show / to show) you how I improved my speaking skills.
2. I have a favor (ask / to ask) you.
3. Rob was (kind enough / enough kind) to check my essay.
4. I'd like (some / to some) information on this overseas study tour.

C. 日本語の意味に合うようにカッコ内の語句を並べ替え、英文を完成させましょう。ただし、文の始めにくる単語も小文字にしてあり、<u>1 つ余分な語句が含まれています</u>。

1. 私は TOEIC® L&R テストで 500 点のスコアを取りたいです。

    (on / I'd / 500 / score / to score / like) the TOEIC® L&R test.

    _____

2. 私に何をしてほしいのですか？

    (do you / me / to do / want / want to / what)?

    _____

3. あなたの英語力を高める方法を教えてあげましょう。

    I'll show you (your / how / what / to / improve / English).

    _____

4. 日本では日常生活で英語を話す機会がほとんどありません。

    In Japan, there (many / English / speak / aren't / opportunities / to speak).

    _____

 **Let's Write! Step 1** センテンスを書く練習をしよう！

次の日本文を英語にしてみましょう。文の出だしが与えられているものは、それに続けて書きましょう。また、下線部は下のヒントを参考にしましょう。 30

1. いつか<u>英語を使って仕事をし</u>たいです。	One day _____
2. <u>ライティングスキル</u>を上達させるため、英語で<u>日記をつけ</u>ています。	I keep _____
3. 今日終わらせないといけない宿題がたくさんあります。 （私は今日終わらせるべきたくさんの宿題を持っています）*	I have _____
4. 疲れすぎていて今夜は英語を勉強できません。	I'm _____
5. 英単語を覚える<u>ことを難しいと感じ</u>ます。	I find it _____
6. ジェフに<u>私の宿題を手伝</u>ってもらうよう頼むつもりです。	I'll _____
7. 英語を<u>話せる</u>ようになりたいです。	I want _____
8. 英語を学ぶのに最も良い方法は何ですか？	What is _____
9. どうしたらいいのかわかりません。 （私は何をすべきかわかりません）	I don't _____
10. この単語の発音の仕方を教えてもらえませんか？ （この単語をどのように発音したら良いのかを教えてもらえませんか？）	Could you _____

[Hints]　*カッコ内の日本語は、英語に訳しやすくするために書き直したものです。
英語を使って仕事をする : use English at work　　ライティングスキル : writing skills
日記をつける : keep a diary　　　　　　　　　　　～することを難しいと感じる : find it difficult to ...
私の宿題を手伝う : help me with my homework　　話せる : be able to speak

Quick Response Training
1. 日本語の文を見てすぐさま対応する英文が言えるように繰り返し練習しましょう。
2. 1～10までの日本語の文を何秒で英文にして言えるかペアで競い合ってみましょう。

Your Time ⏲ : _____ seconds

ヒロミが書いた次のパッセージを読み、その内容について 1～3 の質問に答えましょう。

How can you be a good speaker of English?

You often hear people say, "How can I speak English well?" You may have the same problem. I'd like to suggest one way to practice speaking English. It's called "Speak into the mirror." It's very useful and really simple. You can do it when you brush your teeth in the morning and in the evening. In the morning, talk about your plans for the day. In the evening, talk about what you did today. The key to the success of learning is habit. If you can attach your learning to an existing habit, then it will become much easier. In a month or two, you'll find yourself much better at speaking English.

1. Hiromi suggests how to _____.
   (A) look into the mirror   (B) understand spoken English
   (C) improve your speaking skills

2. The way called "Speak into the mirror" is _____.
   (A) great but very expensive   (B) very helpful and really easy
   (C) useful but really difficult

3. The key to learning is that you _____.
   (A) make it part of your daily routine   (B) do it in a month or two
   (C) break an existing habit

[Notes]　attach A to B：A を B に結び付ける　　existing：既存の

 提案の方法

問題に対する解決策の提示など、提案をする場合、下の表に挙げる表現がよく使われます。

I have a solution (to ...)	(～に対する) 解決策があります
I'd like to propose a solution (to ...)	(～に対する) 解決策を提案いたします
I've come up with a solution (to ...)	(～に対する) 解決策を見つけました
There is an effective way to solve ...	～を解決する効果的な方法があります

次の例文を参考にして提案の方法を確認しておきましょう。

- I have a solution to the problem of how to increase your vocabulary.（いかに語彙力を増やすかという問題について解決策があります）

- I'd like to propose an effective way to improve your English.（あなたの英語力を向上させる効果的な方法を提案いたします）

Let's Write! Step 2

パラグラフを書いてみよう！

Let's Read and Learn! で読んだパッセージを参考にして、英語学習法を説明する英文を書きましょう。英単語の覚え方やリスニング力の向上法など、英語力向上に関するトピックであれば自由に選んで構いません。下の Useful Expressions も参考にすると良いでしょう。

> **Useful Expressions**
> - One of the best ways to learn English is to play games.（最も良い英語学習法の1つはゲームをすることです）
> - The Grammar of Doom is an adventure-style grammar game.（グラマー・オブ・ドゥームは英文法用のアドベンチャーゲームです）
> - I like this way of studying because this is like playing a game.（ゲームで遊ぶような感じなので私はこの勉強法が好きです）
> - I make it a rule to write new words 10 times in a notebook.（ノートに10回新しい単語を書くことにしています）

[Hints]
← 適当なトピックを選びタイトルをつけましょう。

← 導入文を書きましょう。省略してすぐに主題文を書いても構いません。

← 主題文を書きましょう。

← how to remember words（英単語の覚え方）や how to improve your listening skills（リスニング力の高め方）などのトピックをインターネットで検索すると具体的な方法を見つけられますので、それらを使っても良いでしょう。

← 全体的な感想など、結論文を書きましょう。

LINGUAPORTA Training

授業の復習として、リンガポルタの問題を解いておきましょう。

Unit 11 Explain Japanese Foods

文法 分詞

ヒロミは、英語の授業で日本の食べ物や料理について発表することになり、その原稿を準備しています。文法では<u>分詞</u>に焦点を当てて学習します。また、ライティングでは、<u>日本の食べ物や料理の紹介に役立つ表現や定義の方法</u>を学びます。

Warm-up

授業前に確認しておこう！

Vocabulary Preview

1～10 の語句の意味として適切なものを a～j の中から選びましょう。　　🎧 32

1. traditional	_____	a.	電子レンジ
2. hesitate	_____	b.	ためらう、躊躇する
3. benefit	_____	c.	小麦粉
4. recipe	_____	d.	伝統的な
5. pack	_____	e.	生の
6. microwave	_____	f.	料理法、レシピ
7. flour	_____	g.	～を届ける、配達する
8. raw	_____	h.	～を詰める
9. deliver	_____	i.	細い、薄い
10. thin	_____	j.	利点、恩恵

ビートに乗って 1～10 の語句を発音してみましょう。

Grammar Point: 分詞

Who is <u>the girl</u> <u>eating natto with Hiromi</u>?
　　　　　　　　　　　（ヒロミと一緒に納豆を食べている女性は誰ですか？）［現在分詞］

Miso soup is a traditional Japanese <u>soup</u> <u>made from soybean paste</u>.
　　　　　　　　　（味噌汁は大豆ペースト（味噌）から作られた伝統的な日本のスープです）［過去分詞］

　分詞には**現在分詞**と**過去分詞**があり、これらは形容詞として使うことができます。上の例文のように、**現在分詞は「～している」という能動的な意味、過去分詞は「～された」という受動的な意味になります。**

　形容詞には分詞から派生しているものがあり、感情を表す動詞から派生しているものは使い分けに注意が必要です。例えば、exciting と excited はもともと動詞 excite（「(人)を興奮させる」）のそれぞれ現在分詞、過去分詞なので、exciting は「(人を)興奮させるような」という能動の意味、excited は「興奮させられた（⇒興奮した）」という受動の意味を持ちます。次の表でそうした形容詞の使い方を確認しましょう。

-ing （物や事がどのようなものかを説明する）	-ed （人がどのように感じたかを説明する）
This experiment is boring. （退屈な） exciting. （刺激的な） interesting. （面白い）	I'm bored. （退屈している） excited. （興奮している） interested. （興味を持っている）

例文の日本語訳を完成させながら分詞の用法を確認しましょう。

> 1 語の場合は名詞の前に置くのが基本です。

I often buy a packed lunch at the supermarket on my way to school.
(　　　　　　　　　　　　　　　　　　　　　　　　　)

> 他の語句が加わると名詞の後に置きます。

Ozoni is a traditional Japanese soup dish eaten on New Year's Day.
(　　　　　　　　　　　　　　　　　　　　　　　　　)

また、日本語訳を確認したら、次の例文の会話をパートナーと練習してみましょう。

> 《keep + 目的語 + 分詞》で「〜をずっと（…の状態に）しておく」となります。

I'm sorry. I didn't mean to keep you waiting this long.
(　　　　　　　　　　　　　　)

That's OK. Has something happened?
(　　　　　　　　　　　　　　)

My bike broke down, so I had to have it repaired.
(　　　　　　　　　　　　　　)

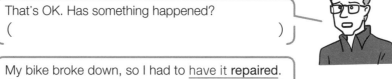

> 《have + 目的語 + 過去分詞》で「〜を…してもらう、…される」となります。

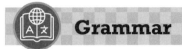
Grammar

文法に強くなろう！

A. 例にならい、枠の中から適切な単語を選び、現在分詞か過去分詞にして次の 1〜4 の文を完成させましょう。

例　Who is the girl (*talking*) with Hiromi?

1. Udon is a thick Japanese noodle (　　　) of wheat flour.
2. I had trouble (　　　) the recipe.
3. Sashimi is fresh raw fish (　　　) into thin pieces.
4. I'd like some (　　　) tea, please.

| cut |
| ice |
| make |
| talk ✓ |
| find |

B. 例にならい、カッコ内から正しい語句を選び○で囲みましょう。

例　We took a cooking class. It was very ((interesting) / interested).

1. Rice balls (onigiri) are (making / made) of cooked rice and wrapped in "nori" seaweed.
2. I'm learning how to cook new and (exciting / excited) dishes.
3. Don't you get (boring / bored) of eating the same thing every day?
4. Manju is a Japanese bun (filling / filled) with sweet bean paste.

[Notes]　wrap: 包む　　seaweed: 海藻　　bun: 小さな丸い菓子　　sweet bean paste: 餡子

C. 日本語の意味に合うようにカッコ内の語句を並べ替え、英文を完成させましょう。ただし、文の始めにくる単語も小文字にしてあり、1 つ余分な語句が含まれています。

1. 今日は学校に弁当を持ってきました。

   (packing / I / packed / lunch / a / brought) to school today.

   _____

2. 母にレシピを確認してもらいました。

   I had (checked / checking / recipe / my mother / by / the).

   _____

3. その料理番組はとても退屈だと感じました。

   (bored / boring / found / the cooking show / very / I).

   _____

4. お待たせしましたか？

   (keep / waited / did / waiting / you / I)?

   _____

 **Let's Write! Step 1**　　センテンスを書く練習をしよう！

次の日本文を英語にしてみましょう。文の出だしが与えられているものは、それに続けて書きましょう。また、下線部は下のヒントを参考にしましょう。 33

1. 味噌汁がないと1日が始まりません。 （私は味噌汁なしに私の1日を始めることができません）*	I can't _____
2. おいしい家庭料理を味わいましょう。	Let's _____
3. 私は日本の伝統料理に興味があります。	I'm _____
4. 私は一人暮らしで、よく冷凍食品を食べます。	I live _____
5. 豆腐は大豆から作られています。	Tofu is _____
6. そうめんは小麦粉から作られたとても細い日本の麺です。	Somen is _____
7. 丼物には様々な種類があります。	There are _____
8. 焼き飯を作るのが得意です。	I'm _____
9. 電子レンジを買って届けてもらいました。 （私は電子レンジを買い、そしてそれを届けてもらいました）	I bought _____
10. あそこで料理をしている女性は誰ですか？	Who is _____

[Hints]　　*カッコ内の日本語は、英語に訳しやすくするために書き直したものです。

家庭料理：home-cooked meal　　冷凍食品：frozen food　　大豆：soybean
小麦粉：wheat flour　　丼物：rice bowl dish　　焼き飯：fried rice

Quick Response Training ······

1. 日本語の文を見てすぐさま対応する英文が言えるように繰り返し練習しましょう。
2. 1〜10までの日本語の文を何秒で英文にして言えるかペアで競い合ってみましょう。

Your Time ⏱ : _____ seconds

71

 **Let's Read and Learn!**   サンプルから学ぼう！

ヒロミが書いた次のパッセージを読み、その内容について 1〜3 の質問に答えましょう。 34

Natto

Have you ever eaten natto? It's a traditional Japanese food made of fermented soybeans. It's sticky and has a strong smell. In many parts of Japan, natto is a popular choice for breakfast. In fact, I eat natto over rice every morning and I can't start my day without it. Natto is not only tasty but it also has a lot of health benefits. First, it's rich in protein, vitamins and minerals. Secondly, it improves your digestion. Thirdly, it contributes to stronger bones. Lastly, it helps your blood flow smoothly. Because of its distinct flavor, some people hesitate to try it, but why don't you give it a try? I think you'll love it!

1. Hiromi _____.
   (A) has never eaten natto
   (B) eats natto at the end of each day
   (C) eats natto every day

2. Natto is a great food to eat because it _____.
   (A) makes your blood thick
   (B) helps with your blood flow
   (C) keeps your blood from flowing smoothly

3. Which of the following is NOT true about natto?
   (A) It's bad for your digestion.
   (B) It helps your bones become stronger.
   (C) It has a distinctive flavor.

[Notes] fermented：発酵した　　sticky：粘り気のある　　digestion：消化
contribute to：〜に役立つ　　distinct flavor：独特の風味

Point　定義の方法

Let's Read and Learn! のパッセージでは納豆を紹介していますが、日本の食べ物や料理など、読み手に馴染みがないものを説明する場合、まずそれがどの種類に属するものなのか明らかにします。そして、分詞や関係代名詞などを使って補足説明をすると良いでしょう。

次の例文を参考にして定義の仕方を確認しておきましょう。

- Shabu-shabu is a type of hot pot dish. It is made with meat and vegetables boiled in water.（しゃぶしゃぶは鍋料理の 1 つです。ゆでた野菜と肉が使われています）
- Shabu-shabu is a type of hot pot dish made with meat and vegetables boiled in water.（しゃぶしゃぶは、ゆでた野菜と肉が使われている鍋料理の 1 つです）
- Shabu-shabu is a type of hot pot dish <u>that</u>* is made with meat and vegetables boiled in water.（しゃぶしゃぶは、ゆでた野菜と肉が使われている鍋料理の 1 つです）

*関係代名詞については Unit 13 で詳しく取り上げていますのでそちらも参照してください。

Let's Write! Step 2

パラグラフを書いてみよう！

Let's Read and Learn! で読んだパッセージを参考にして、日本の食べ物や料理を説明する英文を書きましょう。下の Useful Expressions も参考にすると良いでしょう。

Useful Expressions

- Japan has a unique food culture.（日本には独特の食文化があります）
- Onigiri is a rice ball. Most rice balls have fillings, such as salmon or a pickled plum.（おにぎりはボール状に握ったご飯です。たいていのおにぎりには鮭や梅干しのような具が入っています）
- Onigiri is sometimes called Omusubi.（おにぎりはおむすびと呼ばれることもあります）
- Zarusoba is cold buckwheat noodles served on a woven bamboo tray.（ざるそばは、竹を編んで作ったトレーで出される冷たいそばです）
- Unadon (grilled eel rice bowl) is a popular dish throughout the year.（鰻丼は年中人気のある料理です）

[Hints]
←適当な食べ物や料理を選びタイトルをつけましょう。

←導入文を書きましょう。省略してすぐに主題文を書いても構いません。

←主題文を書きましょう。

←特徴や食べ方などを書くと良いでしょう。また、食べたことがない人向けに書いていることを意識しましょう。

←「ぜひ試してみてはどうですか？」など、結論文を書きましょう。

LINGUAPORTA Training

授業の復習として、リンガポルタの問題を解いておきましょう。

Unit 12 Give Your Ideas about Sports

文法 動名詞

ヒロミは、「スポーツをするべきか」というテーマについて自分の意見を発表することになり、その原稿を準備しています。文法では**動名詞**に焦点を当てて学習します。また、ライティングでは、**スポーツの効用に関する表現**や**意見の述べ方（1）**を学びます。

 Warm-up　　授業前に確認しておこう！

Vocabulary Preview

1〜10の語句の意味として適切なものをa〜jの中から選びましょう。　　CD 35

1. competition ＿＿＿＿　　a. （勝者に与えられる）賞
2. violent ＿＿＿＿　　b. 気晴らし、娯楽
3. including ＿＿＿＿　　c. （スポーツジムなどで）運動する
4. pastime ＿＿＿＿　　d. 協力
5. against ＿＿＿＿　　e. 興味、関心
6. cooperation ＿＿＿＿　　f. 競争
7. work out ＿＿＿＿　　g. 〜を含んで
8. interest ＿＿＿＿　　h. 負傷した
9. injured ＿＿＿＿　　i. 暴力的な
10. prize ＿＿＿＿　　j. 〜に反対して

ビートに乗って1〜10の語句を発音してみましょう。

Grammar Point: 動名詞

Winning isn't everything.　　（勝つことがすべてではありません）[主語になる]
My favorite pastime is **watching** soccer. （私の好きな娯楽はサッカー観戦です）[補語になる]
I don't play sports; I prefer **reading** novels.
　　　　（スポーツはしません。小説を読む方が好きです）[動詞の目的語になる]
I'm not interested in **watching** sports.
　　　　（スポーツ観戦には興味がありません）[前置詞の目的語になる]

　動詞のing形は現在分詞として「〜している」という意味で使われますが、それとは別に「〜すること」のように動詞を名詞化する場合にも使われ、これを**動名詞**と言います。動詞が名詞の働きをするものにはto不定詞もありますが、4番目の例文のように前置詞の後にはto不定詞ではなく必ず動名詞を使います。この他にも動名詞とto不定詞には注意すべき用法がありますので、次の表で確認しましょう。

必ず動名詞を目的語とする動詞	enjoy, finish, mind, stop, suggest, etc.
必ず to 不定詞を目的語とする動詞	expect, hope, learn, mean, want, etc.
どちらも目的語とする動詞	begin, like, love, start, etc.
動名詞か to 不定詞かで意味が異なる動詞	forget, remember, try, etc. 動名詞は「すでに起きたこと」、to 不定詞は「これから先のこと」と覚えておくと良いでしょう。 ex.) I'll never **forget winning** the game. （〜したことを忘れる） ex.) I totally **forgot to watch** the game. （〜し忘れる）

また、下の表に挙げる表現では動名詞がよく使われます。

be used to ...	〜に慣れている
feel like ...	〜したい気がする
How about ...?	〜してはどうですか？
Would you mind ...?	〜していただけませんか？

下の例文の日本語訳を完成させながら使い方を確認しましょう。また、日本語訳を確認したら、例文の会話をパートナーと練習してみましょう。

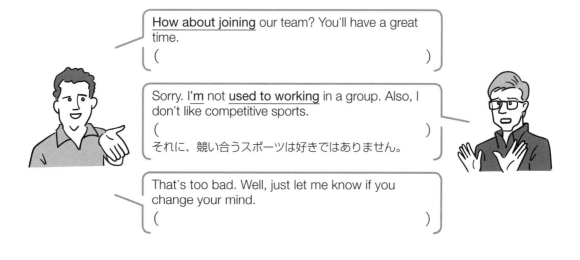

How about joining our team? You'll have a great time.
(   )

Sorry. I'm not used to working in a group. Also, I don't like competitive sports.
(   )
それに、競い合うスポーツは好きではありません。

That's too bad. Well, just let me know if you change your mind.
(   )

Grammar

文法に強くなろう！

A. 例にならい、枠の中から適切な単語を選び、動名詞か to 不定詞にして次の 1〜4 の文を完成させましょう。

   例　I don't want (*to talk*) about the game anymore.

   1. We enjoy (　　　　) out at the gym once a week.
   2. It's very hot! Be careful not (　　　　) yourself.
   3. Justin hurt his leg while (　　　　) basketball.
   4. I never expected (　　　　) first prize.

   win
   burn
   work
   play
   talk ✓

B. 例にならい、カッコ内から正しい語句を選び○で囲みましょう。

   例　I'm not interested in (watch /(watching)) sports.

   1. I don't feel like (to do / doing) anything today.
   2. I used to (play / playing) baseball when I was in high school.
   3. By (play / playing) sports, you can develop a sense of teamwork.
   4. Tennis is my favorite sport (to watch / watching).

C. 日本語の意味に合うようにカッコ内の語句を並べ替え、英文を完成させましょう。ただし、文の始めにくる単語も小文字にしてあり、1 つ余分な語句が含まれています。

   1. スポーツ観戦するのはリラックスする良い方法です。

      (watching / to / watch / is / a nice way / sports) relax.

      _____

   2. 多くの人は勝つためにスポーツをします。

      A lot of (sports / to / people / winning / win / play).

      _____

   3. 忘れずに決勝戦を見てください。

      (watch / watching / don't / to / the final / forget).

      _____

   4. 私は早起きに慣れていません。

      (not / get / up early / used to / getting / I'm).

      _____

 **Let's Write! Step 1**　　センテンスを書く練習をしよう！

次の日本文を英語にしてみましょう。文の出だしが与えられているものは、それに続けて書きましょう。また、下線部は下のヒントを参考にしましょう。 36

1. 私は**体を鍛え**たいです。	I want _____
2. 私は週末に**ジムで運動をする**のを楽しんでいます。	I enjoy _____
3. 私はジムで運動をすることに慣れていません。	I'm _____
4. ジムで運動することは体を鍛える良い方法です。	Working out _____
5. 放課後に**ジョギングする**のはどうですか？	How _____
6. 私は毎朝ジョギングすること**を考え**ています。	I'm _____
7. スポーツ観戦は**時間の無駄**ではありません。	Watching _____
8. 今朝はジョギングの前に**ストレッチする**のを忘れました。	I forgot _____
9. 私にはスポーツする時間がありません。	I don't have _____
10. 早朝の散歩は健康に良いです。 （**早朝に**散歩することは健康に良いです）*	Walking _____

[Hints]　*カッコ内の日本語は、英語に訳しやすくするために書き直したものです。
体を鍛える：get in shape　　ジムで運動する：work out at the gym　　ジョギングする：jog
〜を考える：think of　　時間の無駄：a waste of time　　ストレッチする：stretch
早朝に：early in the morning / in early morning

Quick Response Training

1. 日本語の文を見てすぐさま対応する英文が言えるように繰り返し練習しましょう。
2. 1〜10までの日本語の文を何秒で英文にして言えるかペアで競い合ってみましょう。

Your Time ⏱ : _____ seconds

77

ヒロミが書いた次のパッセージを読み、その内容について 1〜3 の質問に答えましょう。

Should everyone play sports?

I don't think everyone should play sports. First of all, I have no interest in them. Some people, including my father, spend a lot of time watching sports, but it seems like a waste of time to me. Secondly, I'm not good at sports at all. Some people say that playing sports can develop a sense of teamwork, but I don't believe it's true. People play sports to win. _____, playing sports is about competition, not cooperation. Lastly, people often get injured when playing sports, and some sports are really violent. Therefore, I'm against the idea that everyone should play sports.

1. Hiromi thinks that watching sports is _____.

   (A) a lot of fun   (B) very good

   (C) a waste of time

2. The word or phrase that belongs in the _____ in this passage is _____.

   (A) In other words   (B) However

   (C) Finally

3. Hiromi _____ that by playing sports, you can develop a sense of teamwork.

   (A) believes   (B) denies

   (C) suggests

[Note]　the word or phrase that belongs in the _____ : 空欄にあてはまる単語や語句

Point　意見の述べ方（1）

　ある問題に対して意見を述べる場合、**Let's Read and Learn!** のパッセージのように、最初に自分の意見を述べてから理由を挙げて説明するのが基本的なスタイルです。反対の意見を述べる場合、下の表に挙げる表現がよく使われます。

I don't agree with ...	〜には賛成しません
I disagree with ...	〜には反対です
I'm against ...	〜には反対です
I'm opposed to ...	〜には反対です

　Let's Read and Learn! のパッセージでは、表にある "I'm against ..." の他、"I don't think (that) S should V"（S*が〜すべきだとは思いません）が使われています。

＊S は Subject（主語）、V は Verb（述語動詞）のことを表します。

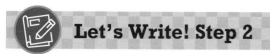

Let's Write! Step 2 — パラグラフを書いてみよう！

Let's Read and Learn! で読んだパッセージを参考にして、「誰もがスポーツをするべきですか？」について自分の意見を英文で書きましょう。下の Useful Expressions も参考にすると良いでしょう。

Useful Expressions

- Playing sports has a lot of advantages.（スポーツをすることにはたくさんの利点があります）
- Good health is a big advantage to playing sports.（健康であることはスポーツをする上で大きな利点です）
- Sports allow people to spend time with friends and meet new people.（スポーツによって友人と一緒に時間を過ごしたり、新しい人と出会ったりできます）
- Playing sports makes people feel good.（人々はスポーツをすると気分が良くなります）
- I'm for the idea that everyone should play sports.（私は、すべての人がスポーツをするべきだという意見に賛成です）

Should everyone play sports?

[Hints]

←主題文を書きましょう。今回の場合、テーマに対する自分の立場を明らかにすることが大切です。

←自分の立場に対する根拠を挙げましょう。「第一に」、「第二に」などのように、列挙すると説明しやすいでしょう。

←結論文を書きましょう。「したがって」のつなぎ語句に続けて、自分の立場を繰り返すと良いでしょう。

LINGUAPORTA Training

授業の復習として、リンガポルタの問題を解いておきましょう。

Unit 13 Give Your Ideas about Social Media

文法 関係詞

ヒロミは、「SNS をする時間を制限するべきか」というテーマについて自分の意見を発表することになり、その原稿を準備しています。文法では**関係詞**に焦点を当てて学習します。また、ライティングでは、**SNSの活用に関する表現**や**意見の述べ方 (2)** を学びます。

Warm-up

授業前に確認しておこう！

Vocabulary Preview

1~10 の語句の意味として適切なものを a~j の中から選びましょう。　　🎵 38

1. social media　_____	a. 量、額
2. compare　_____	b.（人が~するのを）止める
3. prevent　_____	c.（インターネットに）投稿する
4. anxiety　_____	d. 比較する
5. addicted　_____	e. ~の原因となる、~を引き起こす
6. post　_____	f. 心配、不安
7. focus　_____	g. ~を報告する
8. amount　_____	h. ソーシャルメディア、SNS
9. report　_____	i. ~に集中する
10. cause　_____	j. 中毒になって、病みつきになって

ビートに乗って 1~10 の語句を発音してみましょう。

Grammar Point: 関係詞

We need someone **who** knows a lot about computers.
　　　　　　　　　　　　　　　（私たちにはコンピューターに詳しい人が必要です）

I have a friend **whose** brother is addicted to social media.
　　　　　　　　　　　　　　　（私には兄が SNS 依存症である友人がいます）

We enjoyed the pictures **that** Aya posted on Instagram.
　　　　　　　　　　　　　（私たちはアヤがインスタグラムに投稿した写真を楽しみました）

「コンピューターに詳しい人」のように、下線部分と名詞（この場合は「人」）をつなぐ（関係づける）働きをするのが**関係代名詞**です。関係代名詞で説明される名詞を**先行詞**と呼びますが、その先行詞が人かそうでないかによって関係代名詞は次の表のような使い分けをします。

先行詞	主　格	所有格	目的格
人	who	whose	who/whom
人以外	which	whose	which
人・人以外	that	−	that

> 目的格の関係代名詞はよく省略されます。また、口語では that 以外はあまり使われません。

1番目の例文は次の2つの文を1つにしたものと考えれば良いでしょう。

A. We need someone.
B. He knows a lot about computers.
➡ We need someone who knows a lot about computers.

下線部分の someone と he は同一人物なのでここを関係代名詞でつなぐわけですが、he は元の文の主語なので主格の関係代名詞 who を使います。同様に、3番目の例文は次の2文を1つにしたものです。下線部分の pictures と them が同一のものなのでここを関係代名詞でつなぎ、the pictures は元の文の目的語なので目的格の関係代名詞 that を使います。

A. Aya posted pictures on Instagram.
B. We enjoyed them.
➡ We enjoyed the pictures that Aya posted on Instagram.

下の例文の日本語訳を完成させながら使い方を確認しましょう。また、日本語訳を確認したら、例文の会話をパートナーと練習してみましょう。

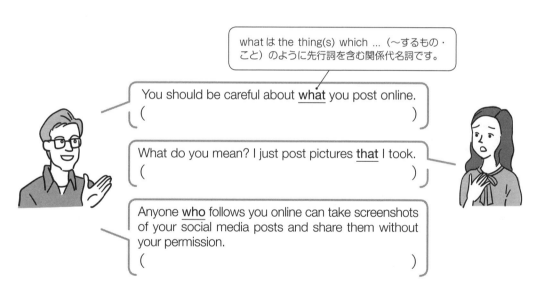

81

Grammar 文法に強くなろう！

A. 次の文の空所に補うのに適切な関係代名詞をカッコ内から選び○で囲みましょう。

1. YouTube is a free video-sharing website (what / that / whose) makes it easy to watch online videos.
2. A YouTuber is an online personality (who / whose / whom) posts videos on YouTube.
3. Social media is very enjoyable. There are many fun things (what / whose / that) you can do on it.
4. I have a friend (who / whose / which) Instagram account has reached 10,000 followers.

B. 例にならい、関係代名詞節を用いて2つの文を1つにまとめましょう。出だしが書いてあるものはそれに続く形で文を作りましょう。

例 Aya gave me a USB flash drive. I've lost it.
   I've lost the USB flash drive (that) Aya gave me .

1. Hiromi has an online friend. He lives in Hawaii.
   _____

2. The website is very useful. You told me about it.
   The website _____

3. Yesterday I met a man. His father is a popular YouTuber.
   Yesterday I met a man _____

4. Facebook is a social network. It was born in 2004.
   Facebook is _____

C. 日本語の意味に合うようにカッコ内の語句を並べ替え、英文を完成させましょう。ただし、文の始めにくる単語も小文字にしてあり、1つ余分な語句が含まれています。

1. 彼がインターネットに投稿した写真を見ましたか？
   Did you (pictures / posted online / see / he / what / the)?
   _____

2. それが、私が最も楽しんでいることです。
   (enjoy / which / that's / what / I / most).
   _____

3. 私にはSNSに詳しい友人がいます。
   I have a friend (a lot / social media / whose / who / knows / about).
   _____

4. あなたはSNSに費やす時間を制限するべきです。
   You should (on / the amount of time / you / of / limit / spend) social media.

 **Let's Write! Step 1**　　センテンスを書く練習をしよう！ 39

次の日本文を英語にしてみましょう。文の出だしが与えられているものは、それに続けて書きましょう。また、下線部は下のヒントを参考にしましょう。

1. <u>SNS</u>は時間の無駄だと言う人もいます。 （何人かの人は、SNS は時間の無駄だと言います）*	Some people _____
2. インスタグラムは<u>あまり見ません</u>。 （私は私のインスタグラムをあまり頻繁にチェックしません）	I _____
3. 私は<u>1日中</u><u>スマホ</u>をチェックしています。	I _____
4. 多くの人は SNS を使うのを止めることができません。	Many people _____
5. 私には<u>ゲームアプリ</u>に詳しい友人がいます。 （私はゲームアプリについてよく知っている友人を持っています）	I have _____
6. 私には父親が人気ユーチューバーである友人がいます。	I have _____
7. その新しいアプリは、私たちが知りたいことをすべて（私たちに）教えてくれます。	The new app teaches _____
8. それは私が今まで使った中で最も役に立つアプリです。	It's _____
9. 彼らは SNS に費やす時間を増やすべきです。	They should _____
10. SNS に使う時間を減らしてはどうですか？	Why don't you _____

[Hints]　*カッコ内の日本語は、英語に訳しやすくするために書き直したものです。
　SNS : social media（SNS も正しい英語表現ですが、social media の方がよく使われます）
　あまり見ません : not check ... very often　　　1日中 : all day long
　スマホ : phone（smartphone でも良いですが、最近は単に phone で十分な場合が多くあります）
　ゲームアプリ : game app

Quick Response Training

1. 日本語の文を見てすぐさま対応する英文が言えるように繰り返し練習しましょう。
2. 1〜10 までの日本語の文を何秒で英文にして言えるかペアで競い合ってみましょう。

Your Time ⏱ :　　　　seconds

83

 **Let's Read and Learn!**　　サンプルから学ぼう！

ヒロミが書いた次のパッセージを読み、その内容について 1〜3 の質問に答えましょう。　 40

Should we limit our time on social media?

Social media has now become an important part of our daily lives. However, I believe we should limit our time on social media for two reasons. First, it causes you to compare yourself to others all the time. Studies have shown that people who spend a lot of time on social media report feelings of increased anxiety. Second, it often prevents us from focusing on what is actually happening in our daily lives. Let's say you go out for dinner with your friends. If they spend more time checking social media sites than actually talking, the dinner will become less enjoyable. That's why we should be careful when using social media.

1. Studies have shown that people who spend a lot of time on social media report ＿＿＿＿＿＿.
   - (A) they feel bored
   - (B) their fears increase
   - (C) their anxieties disappear

2. By using social media, we often pay ＿＿＿＿＿ attention to what is actually happening in our daily lives.
   - (A) more
   - (B) careful
   - (C) less

3. Hiromi says that we should ＿＿＿＿＿ when using social media.
   - (A) exercise caution
   - (B) go out for dinner
   - (C) feel increased anxiety

[Notes]　Let's say : 仮に〜としましょう　　That's why : それが〜の理由です

 Point　意見の述べ方（2）

賛成の意見を述べる場合、下の表に挙げる表現がよく使われます。

I agree with ...	〜に賛成です
I'm in favor of ...	〜に賛成です
In my opinion [view], S + V	私の意見では〜です。
I think [believe] (that) ...	私は〜だと思います［信じています］。

次の例文を参考にして賛成意見の述べ方を確認しておきましょう。
- I totally agree with the idea of limiting our time on social media.（SNS の時間を制限するべきという考えにまったく同感です）
- I'm in favor of the idea that our time on social media should be limited.（SNS の時間は制限されるべきという考えに賛成です）

Let's Write! Step 2

パラグラフを書いてみよう！

Let's Read and Learn! で読んだパッセージを参考にして、「SNS を利用する時間を制限するべきか」というテーマについて自分の意見を英文で書きましょう。下の Useful Expressions も参考にすると良いでしょう。

Useful Expressions

- We should make the most of social media.（私たちは SNS を最大限に活用するべきです）
- Social media is useful and informative.（SNS は有益で、多くの情報が得られます）
- For example, you can get a lot of useful information about good restaurants and shops.（例えば、良いレストランやお店について多くの有益な情報を得ることができます）
- Social media is addictive and many people can't stop using it.（SNS は中毒性があり、それを止められない人がたくさんいます）
- Social media can be stressful.（SNS を使っているとストレスが溜まることもあります）
- Sometimes I have to spend a few hours responding to my friends' posts.（時には友人の投稿への返信に数時間費やさないといけないこともあります）

Should we limit our time on social media?

[Hints]

←主題文を書きましょう。今回の場合、テーマに対する自分の立場を明らかにすることが大切です。

←自分の立場に対する根拠を挙げましょう。「第一に」、「第二に」などのように、列挙すると説明しやすいでしょう。

←結論文を書きましょう。「したがって」のつなぎ語句に続けて、自分の立場を繰り返すと良いでしょう。

LINGUAPORTA Training

授業の復習として、リンガポルタの問題を解いておきましょう。

Unit 14 Write to Yourself 10 Years from Now

文法 接続詞・前置詞

ヒロミは、英語の授業で10年後の自分宛の手紙を書くことになり、その原稿を準備しています。文法では接続詞・前置詞に焦点を当てて学習します。また、ライティングでは、手紙やeメールで役立つ表現やその書式を学びます。

Warm-up

授業前に確認しておこう！

Vocabulary Preview

1〜10の語句の意味として適切なものをa〜jの中から選びましょう。

 41

1. accountant _____
2. come true _____
3. related _____
4. someday _____
5. intention _____
6. athlete _____
7. get married _____
8. start one's business _____
9. own _____
10. injury _____

a. 意図
b. スポーツ選手
c. 関連した
d. 結婚する
e. 会計士
f. 自分自身の、〜を所有する
g. 怪我
h. 実現する、（夢などが）叶う
i. 起業する
j. いつか

ビートに乗って1〜10の語句を発音してみましょう。

Grammar Point: 接続詞・前置詞

I'm not married, **but** I do have a girlfriend.　　　　（私は結婚していませんが、恋人はいます）
I'll buy a house **as soon as** I save up enough money.
　　　　　　　　　　　　　　（お金が貯まったらすぐに家を購入するつもりです）
We're planning on having our wedding **in** Hawaii.（私たちはハワイで結婚式を挙げる予定です）

接続詞は様々な語や句、節などを結びつける役割を果たします。butやbecause、ifのようによく知られたものの他、as soon as（〜したらすぐに）などのように2語以上で接続詞的に使われるものもあります。次の表に枠の中から適切な接続詞を書き入れて確認しましょう。

because	〜なので	after	〜した後で		〜しなければ
or	または	before	〜する前に		〜だけれども
so	それで	when	〜するとき		〜の場合は
	〜の間		〜するまで		〜である限りは

because ✓	while
although	until
as long as	unless
in case	

次に、<u>前置詞</u>は、<u>in</u> Hawaii や <u>on</u> Sunday morning のように、名詞や名詞句の前に置かれ、形容詞や副詞の役割を果たします。前置詞と名詞が一緒になったものを<u>前置詞句</u>と呼びます。

接続詞と前置詞では、because と because of、while と during など、意味の似たものがありますので違いを確認しておきましょう。接続詞と前置詞を見分けるポイントは次の通りです。

接続詞	その後に主語と動詞を含む語句（＝節）が続く。 ex.) I'd like to study abroad <u>while</u> I'm in college.
前置詞	その後に主語と動詞を含まない語句（＝句）が続く。 ex.) I'd like to study abroad <u>during</u> my time in college.

下の例文の日本語訳を完成させながら使い方を確認しましょう。また、日本語訳を確認したら、例文の会話をパートナーと練習してみましょう。

Grammar

A. 例にならい、枠の中から適切な単語を選んで次の1〜4の文を完成させましょう。

> 例　I'll buy a house (*as soon as*) I save up enough money.

1. I want to teach English to children, (　　　) I'm studying it very hard.
2. Your dream won't come true (　　　) you try hard.
3. The problem is (　　　) I still don't know what I want to do.
4. My major is law, (　　　) I have no intention of becoming a lawyer.

```
that
as soon as ✓
unless
so
but
```

B. 例にならい、カッコ内から正しい語句を選び○で囲みましょう。

> 例　I came home (at / on) nine o'clock.

1. I want to have a job related (to / in) English someday.
2. I'd like to get married (in / at) my 20s.
3. (By / Until) the time you read this letter, I hope you've finally started your own business.
4. I'm planning to study abroad (while / during) summer vacation.

C. 日本語の意味に合うようにカッコ内の語句を並べ替え、英文を完成させましょう。ただし、文の始めにくる単語も小文字にしてあり、1つ余分な語句が含まれています。

1. あなたのウェディングドレス姿を見るのが待ち遠しいです。

   I can't (in / you / wait / on / to / see) a wedding dress.

   _____

2. 将来が楽しみです。

   (to / forward / looking / with / the future / I'm).

   _____

3. 彼のことは一生忘れないでしょう。

   I'll never (as long / forget / while / I live / as / him).

   _____

4. あなたの夢がすべて叶うことを願っています。

   I hope (true / come / if / all your / dreams / that).

   _____

Let's Write! Step 1

センテンスを書く練習をしよう！

 42

次の日本文を英語にしてみましょう。文の出だしが与えられているものは、それに続けて書きましょう。また、下線部は下のヒントを参考にしましょう。

1. 30歳になる前に結婚したいです。	I want to _____
2. 30歳を過ぎてから結婚したいです。 （30歳になった後で結婚したいです）*	I want to _____
3. 今は結婚することに興味がありません。	I'm not _____
4. しかし、将来についてはよくわかりません。	But I'm not _____
5. 在学中に留学するつもりです。 （私は、大学にいる間に留学するつもりです）	I'll _____
6. 私はオーストラリアでホームステイをするつもりです。	I'll _____
7. 私はいつか自分の店を持ちたいです。	I'd like to _____
8. 私は将来、起業したいです。	I'd like to _____
9. 私は将来何をしたいのかまだわかりません。	I still _____
10. 試してみないと決してわかりませんよ。 （もしあなたが試さないならばあなたは決してわからないでしょう）	You'll never _____

[Hints]   *カッコ内の日本語は、英語に訳しやすくするために書き直したものです。

30歳になる：turn 30   よくわからない：be not sure   留学する：study abroad
ホームステイをする：do a homestay / stay with a host family
自分の店を持つ：have one's own shop   何をしたいのか：what I want to do
決してわからない：You'll never know

Quick Response Training

1. 日本語の文を見てすぐさま対応する英文が言えるように繰り返し練習しましょう。
2. 1～10までの日本語の文を何秒で英文にして言えるかペアで競い合ってみましょう。

Your Time 🕐 : _____ seconds

ヒロミが書いた次のパッセージを読み、その内容について 1〜3 の質問に答えましょう。

To myself 10 years from now

Dear Hiromi,

How are you? By the time you read this letter, I hope you have become a certified public accountant. Are you enjoying your career? I hope it's as good as you expected. Where are you living now? I know you wanted to work in New York and enjoy Broadway musicals there. Have your dreams come true? Do you speak English well? Are you married? Do you have any children? I hope you're living with a family you love and are enjoying life with them 10 years from now. Looking forward to seeing you in 10 years.

Sincerely,
Hiromi

1. Hiromi hopes that she will _____ in 10 years.
   (A) work as a career consultant (B) work as a certified public accountant
   (C) get married to an accountant

2. Hiromi asks herself 10 years from now whether _____ or not.
   (A) she has become rich (B) she has graduated from college
   (C) her dreams have been realized

3. Hiromi hopes that she will _____ 10 years from now.
   (A) start her own business (B) have children
   (C) enjoy being single

[Note] certified public accountant : 公認会計士

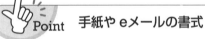 手紙や e メールの書式

手紙や e メールの場合、本文の他にヘッダーやフッターなどが記されます。次に挙げる e メールの書式例で特徴に慣れておきましょう。

From: To: Date: Subject:	■ヘッダー 送信者、受信者、日付、件名が記されます。手紙の場合は、一般に日付のみが記されます。
Dear Mr. Smith, Sincerely,	■本文 最初に、宛先（＝受信者）が記されます。Dear Mr. Smith のように、Dear から始まることが多いですが、親しい間柄の場合、Hi, Rick のようになることもあります。 結びは、(Yours) Sincerely のほか、Best wishes、(Best) Regards などもよく使われます。
John Wilson Hiring Manager ABC Bank	■フッター 送信者の氏名の他、所属（役職、会社名）が記されます。

Let's Write! Step 2

パラグラフを書いてみよう！

Let's Read and Learn! で読んだパッセージを参考にして、10年後の自分への手紙を英文で書きましょう。下の Useful Expressions も参考にすると良いでしょう。

Useful Expressions

- How have you been?（どうしていましたか？／元気にしていましたか？）
- I'm fully enjoying my college life with a lot of good friends.（多くの良い友人に恵まれ、学生生活を満喫しています）
- You always said that your dream was to start your own business.（夢は起業することだと、あなたはいつも言っていました）
- Did any of your dreams come true?（あなたの夢はどれか叶いましたか？）
- I hope you're living with a family you care for.（あなたが愛する家族と一緒に暮らしていることを望んでいます）
- Bye for now.（じゃあね）
- Take care.（元気で）

To myself 10 years from now

[Hints]

←出だしは Dear ___, の他、Hi, ___ でも構いません。

←「今何をしていますか？」など、将来の自分への質問で始めると良いでしょう。

←今の自分の状況や目標などを知らせる英文を書きましょう。

←10年後に自分がどうなっていたいか、そのために何をしているかを書くと良いでしょう。

←「10年後の再会を楽しみにしている」など、締めくくりの文を書きましょう。

LINGUAPORTA Training

授業の復習として、リンガポルタの問題を解いておきましょう。

巻末資料

品詞の分類

名詞や動詞といった文法上の区分のことを<u>品詞</u>と言い、一般に下のように分類されます。

品　詞	働　き	例
名詞（Noun）	人や物事の名前を表す。	company, sale など
冠詞（Article）	名詞の前に置かれて、その単語が特定されるものかどうかを示す。	a, an, the
代名詞（Pronoun）	名詞の代わりをする。	I, my, me, mine など
動詞（Verb）	人や物事の状態や動作を表す。	want, keep, take など
助動詞（Auxiliary verb）	動詞と組み合わせて話し手の判断を示す。	can, will, must など
形容詞（Adjective）	人や物事の性質や状態などを表す。	big, beautiful など
副詞（Adverb）	動詞や形容詞、他の副詞などを修飾する。	really, always など
前置詞（Preposition）	名詞や名詞句の前に置かれ句を作る。	of, in, under, on など
接続詞（Conjunction）	語と語、句と句、節と節をつなぐ。	and, because, or など
間投詞（Interjection）	話し手の感情を表す。	oh, wow, ouch など

単語は必ずしも1つの品詞でしか使われないわけではありません。意味のわからない単語を辞書で引く場合、その単語の品詞が何であるかをあらかじめ考えておくと、正しい意味に早くたどり着けるようになります。

文の要素と基本文型

英文を構成する要素には次のようなものがあります。

主　語	文の中で「〜が、〜は」に当たるもの。	名詞、代名詞
述語動詞	文の中で「〜である」や「〜する」に当たるもの。	動詞
目的語	「〜を」や「〜に」など、動作の対象を示すもの。	名詞、代名詞
補　語	主語や目的語が「どういうものか」もしくは「どんな状態なのか」を補足説明するもの。 ex. My name is <u>Robert</u>, but everyone calls <u>me</u> <u>Rob</u>. （私の名前はロバートですが、みんな私のことをロブと呼びます）	名詞、代名詞、形容詞
修飾語（句）	主語、述語動詞、目的語、補語に意味を付け加えるもの。 修飾語（句）を除いても文は成立します。 ex. I work <u>for Sunrise Corporation</u>. （私はサンライズ・コーポレーションに勤めています）	形容詞、副詞、前置詞句など

また、英文の基本文型としては下に挙げる5文型がよく知られています。

第1文型	SV （主語＋動詞）	I cried.（私は泣きました）
第2文型	SVC （主語＋動詞＋補語）	My name is Robert. （私の名前はロバートです）
第3文型	SVO （主語＋動詞＋目的語）	I studied economics. （私は経済学を学びました）
第4文型	SVO$_1$O$_2$ （主語＋動詞＋目的語1＋目的語2）	Julia gave me the report. （ジュリアが私にその報告書をくれました）
第5文型	SVOC （主語＋動詞＋目的語＋補語）	Everybody calls me Rob. （みんな私のことをロブと呼びます）

主語（Subject）、述語動詞（Verb）、目的語（Object）、補語（Complement）という基本要素の中で、目的語と補語の区別が文型を見分けるポイントになります。目的語は動詞が表す動作の対象を示し、補語は主語や目的語が「どういうものか」もしくは「どんな状態なのか」を補足説明するものです。ですから、第2文型と第3文型を見分ける場合、「第2文型の場合 S ＝ C、第3文型の場合 S ≠ O」という関係に着目すると良いでしょう。また、第4文型と第5文型を見分ける場合には、「第4文型の場合 O$_1$ ≠ O$_2$、第5文型の場合 O ＝ C」という関係が成り立つことに注意しておくことです。

人称代名詞の種類と格変化表

人称	数	主格 （〜は）	所有格 （〜の）	目的格 （〜に、〜を）	所有代名詞 （〜のもの）	再帰代名詞 （〜自身）
1人称	単数	I	my	me	mine	myself
	複数	we	our	us	ours	ourselves
2人称	単数	you	your	you	yours	yourself
	複数					yourselves
3人称	単数	he	his	him	his	himself
		she	her	her	hers	herself
		it	its	it	−	itself
	複数	they	their	them	theirs	themselves

不規則動詞変化表

	原形	過去形	過去分詞	-ing 形	
A-A-A (原形、過去形、過去分詞がすべて同じ)	cost cut hit put read	cost cut hit put read [réd]	cost cut hit put read [réd]	costing cutting hitting putting reading	(費用が)かかる 切る 叩く 置く 読む
A-B-A (原形と過去分詞が同じ)	become come run	became came ran	become come run	becoming coming running	～になる 来る 走る
A-B-B (過去形と過去分詞が同じ)	bring buy catch feel have hear keep leave make meet pay say send spend stand teach tell think understand	brought bought caught felt had heard kept left made met paid said sent spent stood taught told thought understood	brought bought caught felt had heard kept left made met paid said sent spent stood taught told thought understood	bringing buying catching feeling having hearing keeping leaving making meeting paying saying sending spending standing teaching telling thinking understanding	持ってくる 買う 捕まえる 感じる 持っている 聞く 保つ 立ち去る 作る 会う 払う 言う 送る 過ごす 立つ 教える 話す 思う 理解する
A-B-C (原形、過去形、過去分詞がすべて異なる)	be begin break choose drink eat fall get give go know see speak take write	was/were began broke chose drank ate fell got gave went knew saw spoke took wrote	been begun broken chosen drunk eaten fallen gotten/got given gone known seen spoken taken written	being beginning breaking choosing drinking eating falling getting giving going knowing seeing speaking taking writing	～である 始まる 壊す 選ぶ 飲む 食べる 落ちる 手に入れる 与える 行く 知っている 見る 話す 取る 書く

音節

　音節とは、簡単に言うと、「母音を中心とした音のかたまり」で、[ái] といった二重母音も 1 つの母音と考えます。hot [hát] や big [bíg] などのごく短い単語は 1 音節ですが、strike [stráik] など、一見長そうに見える単語でも母音は [ái] しかありませんので、実は 1 音節です。

　単語が何音節であるかは、辞書に載っています。例えば、interesting を辞書で調べてみると、in・ter・est・ing のように区切られて表示されており、この区切りが音節の区切りを示しています。したがって、interesting は 4 音節だとわかります。

　慣れるまでは辞書で確かめるようにしてください。

TEXT PRODUCTION STAFF

edited by 編集
Takashi Kudo 工藤 隆志

cover design by 表紙デザイン
TRIDOT LLC トライドット合同会社

illustration by イラスト
Yoko Sekine 関根 庸子

CD PRODUCTION STAFF

recorded by 吹き込み者
Karen Haedrich (AmE) カレン・ヘドリック（アメリカ英語）
Yuki Minatsuki (JPN) 水月 優希（日本語）

Let's Write & Learn English!
– From Sentence to Paragraph –
基礎から始める英語ライティング
― 単文からパラグラフ・ライティングまで ―

2025年1月20日　初版発行
2025年2月15日　第2刷発行

著　　者　　角山 照彦　　Timothy F. Hawthorne
発 行 者　　佐野 英一郎
発 行 所　　株式会社 成 美 堂
　　　　　　〒101-0052　東京都千代田区神田小川町3-22
　　　　　　TEL 03-3291-2261　FAX 03-3293-5490
　　　　　　https://www.seibido.co.jp

印 刷・製 本　　三美印刷株式会社

ISBN 978-4-7919-7308-8　　　　　　　　　　　　Printed in Japan

・落丁・乱丁本はお取り替えします。
・本書の無断複写は、著作権上の例外を除き著作権侵害となります。